繁盛店に「職人」はいらない

どんな立地・予算でも
飲食店に客を集める
成功メニューの鉄板法則

bando makoto
坂東 誠
「ケラッセ東京」シェフ／
飲食店プロデューサー

standards

はじめに
～その料理、希望への〝きっかけ〟になっていますか？～

早いもので、私が料理に携わった仕事をはじめてから25年以上経ちます。

学生時代にアルバイトしていたレストランで料理の楽しさに出会い、レストラン学を学びに渡米。帰国してから東京都内の洋食店で修業を重ね、２０１１年の東日本大震災がきっかけで岩手に拠点を移し、そして２０１８年には再び上京して新宿で「三陸ワイン食堂　ケラッセ東京」を開き、現在まで東京、岩手、名古屋ほか各所で飲食店のプロデュースを行ってきました。

飲食業界ではいろいろなことを経験してきましたが、もちろん決して楽しいことばかりではありません。他業種のビジネスマンの方々も同じでしょうが、本書を手にした多くのみなさんも、仕事に忙殺される厳しい現実と向き合っていることでしょう。

毎日一生懸命頑張っているけど、それは悔いのない充実した毎日ですか？　と問われた

ら答えはノー、という方のほうが多いのではないでしょうか。

まさにかつての私自身がそうでした。

「こんな忙しいだけで、金にならない仕事なんてバカみたい。やってられるか！」

若手シェフになったはいいが、へとへとで時間がないだけの、どんよりした毎日。

しかしどうしてよいかわからず、お金もあまりなく精神的・体力的にも限界で、消えてしまいたいと思っていた日々が続いていました。

売上だけを求められる、それが人生？

自分のことだけでなく、もっと他人のためにできることはないのだろうか？

そこが満ち足りていないから幸せを感じないのでは……と思い当たりました。

模索する毎日の中で出会ったのが、あるＮＰＯ団体が主催していた、東日本大震災後の被災地仮設住宅での料理教室でした。

たまたま向かうことになった人口６０００人以下の〝過疎の町〟、岩手県気仙郡住田町の火石団地の一室で作る、地元の旬食材を使ったシンプルな料理。

有名シェフが特別な食材と調理法を使って料理するわけではなく、当時の私のような無名の料理人でも暖かく迎えてくれて、毎回の開催を楽しみに待っていてくれました。

現地の参加者のみなさんは、もちろん料理教室も楽しんでくれるのですが、料理を学ぶことだけが目的ではありません。

料理教室をきっかけに、住民のみなさんから地元の農家の方々、行政関係、NPO法人、支援会社までいろいろな分野の人たちが集まり、わいわい話をしながら、食べて飲んで交流を楽しむ。時に震災の話に涙し、笑い、次の再会を楽しみにする。

「料理は、みんなが集まり楽しく元気になる、そのきっかけになれる」

忙しい毎日のなかで、わかっているようで忘れていた大切なことに気づかせてくれたのが、この仮設住宅での料理教室でした。自分が物語の主人公にならなくてもいい、ただみんなが楽しむ〝きっかけ〟をつくってあげればいいだけ、と気づいたのです。

「もしかしたら自分が思っているより、料理の力は大きいのかもしれない」

大げさかもしれませんが、「料理＝希望」だと感じました。少なくとも、希望への〝きっかけ〟にはなるのではないか。そう、実感できたのです。

この仕事は、人を幸せにしながら生活していける素晴らしい仕事なのだということを、もっと証明し、伝えたい。そんな思いから、立地の力や資本の力に頼らず、純粋に料理の力で売上を上げる事業に取り組むようになりました。

結果、自分の店の売上は、半年間で155%アップしました。

現場では紆余曲折あり、25年頑張っていてもまだまだ未熟さを痛感することもたくさんありますが、2020年現在でも右肩上がりで売上は伸びています。東京のど真ん中に開いた店でも、地方の小さな町で開いた店でも、変わらない結果を出すことに成功しています。

そして料理を武器に、自分の創作物で他人が幸せになるきっかけを与えることは、この上ない幸せと充実感をもたらしてくれます。満席のお店、笑顔で語らうお客さん、賑やかな客席の光景を見るときが今でもいちばん幸せです。

ここまでの経験で言えることは、

「飲食店が繁盛する理由に、資本力や立地条件はほとんど関係がない」

ということです。むしろ、あまり予算をかけなくても、人口が多い場所にオープンしなくても、繁盛店をつくり出すことは可能なのです。

では、どうすればいいのか？　おいしい料理を提供できれば自然にお客さんはついてくる？　そんなことは、どこのお店でもやっていることでしょう。

要はいくらおいしい料理を作り出すことができても、人が集まる〝きっかけ〟となるメニューをつくれていないと、お客さんは店に来てくれない、ということなのです。

では〝きっかけとなるメニュー〟とはどのようなものなのか？　どんな料理をお客さんに提供すれば、売上アップにつながるのか？

そのために、斬新なメニューや腕のいいシェフは実は必要ないと、私は考えています。

売れるメニューに共通する絶対要素があり、それを基本にして店づくりを実行すれば、どんな場所でも繁盛する店を生み出すことはできます。ヒントは前述の料理教室のなかにあります。そのノウハウを本書でしっかりとお伝えできればと考えています。

２０２０年、飲食店業界を襲った新型コロナウイルス問題の解決策もここにあります。

１人でも多くの方が実践して、どんどん売上を上げて、誇りある飲食店や料理ビジネスを提供して充実した毎日を過ごしてもらえれば、こんなに嬉しいことはありません。

ぜひ、共にレストランビジネスで日本を元気にしていきましょう！

繁盛店に「職人」はいらない　もくじ

第3章 繁盛店を生み出す売れるメニュー&イベント20 ～「わかりやすさ×あなたらしさ×ライブ感」で考える～

第4章 繁盛店を作り出す調理以外の5割の法則
～3つの簡単な情報発信で売上を1・5倍に上げる方法～

第5章 あなたは何者なのか？」に繁盛店の答えは隠されている

～自分だけの繁盛キーワード〝7つ〟を知るワークショップ～

第6章 客数を増やすための「勝ちパターン」

～3ステップであなたの店の〝繁盛メニューの法則〟を完成させる～

第7章 爆発的にお店のファンを増やし続ける、満席イベントの作り方 ～リピーターから、ファンを増やす！～

第8章 アフターコロナの飲食店経営術 ～今こそ店の価値を全国に伝えるための7つのアイデアとツール～

第1章

地方でも確実に売上アップする
メニューづくりの3ステップ

お客さんから「いいね！」を受けるための3つのステップ

まず、根本的な問いからはじめます。

あなたは、飲食店のお客さんはなぜ店に来るのだと思いますか？
繁盛している店の理由は何でしょう？

「お店が行きやすい場所にあるからじゃないの？」

もちろん、立地はいちばん重要な要素です。好立地の店と比べて悪い立地の店の集客には何倍もの努力を必要としますし、私も交通の便が悪い店に勤務していたときは、ずいぶんとストレスが溜まったものです。よい立地に店を構えたほうがいいに越したことはありません。

とはいっても、たとえ立地がよくない場所であってもそこで勝負しなければいけない人もいれば、立地のよい都会よりむしろ地方の田舎町で店を開きたいという人もいるはずです。

そもそも、資金の少ない中小企業や個人事業主では駅前の好立地物件など、高すぎて手が出ません。

でも、大丈夫です。

たとえ悪い立地であっても、「ライバルが少ない」「田舎ならではの生活のゆとり感がある」「グルメサイトへの高額な広告費用がいらない」など逆転的なメリットもたくさんあります。立地はよくなくてもその分、好条件はそろっているともいえます。

私自身、人口6000人にも満たない北国の町で、前例のない繁盛店を展開してきました。

「立地に左右されず、繁盛店をつくる」

それこそが、このビジネスの醍醐味だと信じています。

では、繁盛する理由が立地条件によるものではないとしたら、他に何があるでしょう？

「料理がおいしいからじゃないの？」

そう思われるかもしれませんが、これも正解であると同時に、間違いなのです。

なぜなら、すでに何度もお店に来ているリピーターの方ならともかく、お客さんが初めて来店する際には、当たり前ですがその時点では店の料理を食べたことがないわけです。

つまり、おいしいかどうかなど、店に行く前はわからないのです。

では、その初めてのお客さんが来店する理由は何でしょう？

実際に私が今まで自分の店に来てくれたお客さんに聞いたときの答えは、以下のようなものでした。

「おいしいと知人から聞いたから」

「広告を見て、おいしそうと思ったから」

「家から近いから」

「偶然、通りがかって何となく」

一見さんか来店する最初のきっかけなんて、こんなものなのです。

したがって、たくさんのお客さんを引き寄せて店を繁盛させるのに必要な要素は、〝おいしさ〟だけではない、ということです。

ここでいう〝おいしさ〟とは、料理の味の良さだけを指すのではなく、料理の品質・サービス・清潔感も統合した、飲食業界でよく言われる「QSC」（Q＝クオリティ、S＝サービス、C＝クレンリネス）を意味するものと捉えてください。

〝おいしさ〟を知ってもらう以前に、来店する前にお客さんに「いいね！」と思ってもらわないと、そもそも最初から勝負の土俵に立てません。

まず、常にお客さんの視点に立って、自分の店を見てみてください。私も毎日、外から自分の店を眺めるようにしています。

〝外〟というのは、店舗の外観だけのことではなく、人気のグルメサイトやSNS、チラシなどに載せた店の情報もトータルで含めた、お客さんとお店との〝接点〟のことをいいます。

お店の情報など自分やスタッフは毎日見慣れてわかり切っていることかもしれませんが、お客さんにとってはその〝接点〟だけがすべてなのです。

その〝接点〟をたどってきたお客さんに「いいね！」と思ってもらうために、具体的なメニューづくりの前に深掘りしておいてほしい、3つのステップがあります。

これらはふだん、ぼんやりとしか意識していないことかもしれませんが、みなさんがお店を続ける上で原点になるものであり、迷ったら戻ってくる場所でもあります。ですから、最初にまず、以下の3ステップをはっきりと認識してほしいのです。

ステップ1 あなたのミッションは？ ～何のために生きていますか？～

何のために、この仕事をしているのですか？

なぜ、このお店は存在しているのですか？

あなたは何のために生きているのですか？


いきなり話が大げさになったと思われるかもしれませんが、これらの自分への問いかけは、飲食店のみならず、経営の根本に関わるものです。

これらを意識しておかないと、かつての私のように、自分の仕事が売上を求めるだけのマネーゲームになり、心も疲弊して疲れ切ってしまいます。

もちろん、売上がなければ店の成功も何もないわけですが、

「何のために売るのか？」

「繁盛店をつくってどうしたいのか？」

「この店を続ける必要があるのか？」

と、しっかり自問してほしいのです。

そして、

「ゴールをどこにするのか？」

を明確にしてください。

誰でもタクシーに乗るときはまず目的地を告げるように、どこに向かって物事を進めるのか、ぼんやりとしか示せていない人は、結局売上のマネーゲームに巻き込まれるまま、自転車操業に陥るはずです。


あなたはどこに向かって走っていますか？


私の場合は、「レストランビジネスに夢と誇りを取り戻せ！」をミッションに、料理長・経営者・飲食店プロデューサーの３つの形態をベースに活動を続けています。

料理の仕事が大好きで、お客さんが喜んでいる光景が大好きで、岩手三陸の生産者さんが大好きで、楽しく仕事を続けられることが誇らしく、多くの仲間にも伝えたい、と思っています。

これが私の場合の「ステップ❶」への回答です。

本気の人たちとのつながりと誠実な仕事への取り組みが感動を生み、目標とする売上の達成へと到達させます。短期的なものではなく、人生をかけての人との長いつきあいは、ビジネスを超えた財産になります。

自分自身が人として成長していかないと、多くの人に自分の思いを伝えられないまま終わってしまうでしょう。

私自身は好きでこの仕事をやっているという事実が原点にあるので、熱意が途絶えないという自信があります。

あなたの〝途絶えない熱意〟はどこにありますか？

ステップ2 あなたは何屋さん？ ～お客さんからどう認識されていますか？～

食堂でも居酒屋でもレストランでも同じことですが、豊富なメニューを用意しているお店でも、「うちに来れば食べたいものは何でもあります！」とアピールしたところで、お客さんが足を向けるきっかけにはなりえません。

お客さんはむしろ「〇〇がおいしいお店」「〇〇のときはこのお店」という、一点集中型に限定されたイメージで認識しているのです。

その認識そのものが、お客さんが来店する〝きっかけ〟になるのです。

お客さんはあなたの店をどのようなイメージで認識しているのか。それを自ら把握して、さらに強化してくことが重要です。

自分たちが売り込みたいセールスポイントを発信していくことは、後からいくらでもできることです。まず、お客さんが何を求めているのか、それを理解して、認識を深めていくことが集客への最速の道のりであることを心得てください。

「〇〇がおいしいお店」の「〇〇」にあたるものは、1つだけでかまいません。お客さんが「いいね！」をつける部分は、たいてい1つだけだからです。

特に暇だったり、売上に苦しむ店はいろいろ手をつけてしまいます。過去の私もそうでした。

あれもやってみよう。これもやってみよう。いくつも方法を試せば、どれかは効果があるかもしれない！……そうやっていろいろやり過ぎて、集中力も分散し、魅力がますます伝わらなくなってしまう。

逆なのです。苦しいときこそ、ひとつのことに集中し、一点突破で突き抜けることを考えてみる。それもそのとき手持ちとして残っている既存のメニューや商品の中で、売れているものや評判のいいものに着目することからはじめてみる。

「答えはいつも足元にある」ことを意識してほしい、ということです。

禅語で「明珠在掌（めいじゅたなごころにあり）」という言葉があります。〝明珠〟とは、非常に価値のあるもの＝宝を指していて、その宝はすでにあなたの手の平(掌)に在る、といった意味です。真に大切なものはどこか遠くに探しに行くものではなく、自分の手の中にあるのだ、ということです。例を挙げましょう。

東京の新宿御苑近くに、「ケンズカフェ東京」という、テイクアウト専門の高級スイーツ店があります。この店ではオリジナルの「特選ガトーショコラ」が大変人気が高いのですが、なんと1個当たり、3000円の値段で売られています。それでも毎日、多くの人がこのガトーショコラを求めて、このお店にやってくるのです。

「ケンズカフェ東京」のガトーショコラは、フランスのブルターニュ地方に伝わる本場のレシピに沿ってつくられたスイーツで、従来の日本産のものとは異なる濃厚な味わいが特徴です。

オーナーの氏家健治シェフは、元はイタリアンレストランをやっていた方で、食後のデザートとして出していたガトーショコラが評判を呼び、家に持ち帰りたいというお客さんが続出したため、テイクアウト商品としての販売を開始。これが圧倒的人気を呼び、とうとうお店の業態自体がイタリアンからテイクアウトのスイーツ専門店に代わってしまったのです。

自分が何屋さんであるのか、それを決めるのは店側ではなくお客さん側であることの好例といえるでしょう。

ステップ3「だから、何？」を突き詰める
～お店に来たお客さんはどうなりますか？～

「うちの店は肉が売り！」
「おいしい肉料理が自慢です！」
なるほど、肉料理で店を繁盛させたい気持ちはわかりました。

でも、だから何なのでしょうか？

あなたの店に来て、おいしい肉料理を食べて、それでお客さんの人生に何の関係があるのでしょうか？

あなたの店に来る前と、あなたの店に来た後、ビフォー&アフターでお客さんにどんな変化が生じますか？

大げさな問いのように聞こえるかもしれませんが、これを突き詰めて考えて明確に答えが出せるか出せないかで、店の質がメニューやサービスの細部に表れます。

具体的にいえば、料理やサービスを通じて、お客さんをどう幸せにするのか？　これを常に頭に置いて店づくりをしてほしいのです。

たとえば、スマートフォンを買うのは、その機種自体がほしいというよりは、いつでもどこでも誰かとコミュニケーションが取りたいから、という人のほうがほとんどでしょう。

では、お客さんがあなたのお店に来るのはなぜでしょうか？

彼らは実は、その料理自体が欲しいわけではないのです。空腹を満たしたいのなら、他にも選択肢はたくさんあります。**その中であなたの店をあえて選ぶのは、メニュー以外の目的があるはずです。**

アットホームな雰囲気とお子さんも大好きな定番の料理で、家族団欒《だんらん》の憩いの場を用意してくれるのか?

驚きの大盛りで圧倒的な満腹感・お得感をイメージづけて、新しく楽しい話題で賑わう場を与えてくれるのか?

お洒落で現代的な雰囲気で、お客さん同士がふだんできないような会話が弾む異空間を提供してくれるのか?

異国の新しい文化の匂いがする料理で、日々の生活に新しい楽しみのひとつをもたらしてくれるのか?

豪華な食材と料理で、〝ハレの日〟を演出してくれるのか?

目的はどんなものでもかまわないのですが、ただおいしい料理を提供して終わり、とならないように、よく考えてみてほしいのです。

「お客さんは本当は、料理を食べに来ていない」

突き詰めていえば、モチベーションと自己認識、最終到達点が明確になっていれば、繁盛店を生み出すための基本ラインはできているということです。

お店を運営する上で何か迷うことがあれば、必ずこの3ステップに立ち返るように心がけてください。

では、早速、実際に売れるメニューをつくり出すためのノウハウに、話を進めていきましょう。

第2章

職人なんていらない！技術だけでは繁盛しない！

～繁盛店は料理が5割～

売れるメニューをつくるための3要素

繁盛店を生み出すための基本の3ステップを押さえたところで、早速、売れるメニューのつくり方について話をはじめたいと思います。

売れるメニューのつくり方は、以下の3要素に集約されます。

❶わかりやすさ×あなたらしさ×ライブ感
❷一等立地と二等立地の違い
❸過疎の町での戦い方

ひとつずつ説明していきましょう。

わかりやすさ×あなたらしさ×ライブ感
～繁盛店づくりの最大のポイント～

繁盛店をつくるにあたってなくてはならない最大のポイントが、この「わかりやすさ×あなたらしさ×ライブ感」です。これだけ押さえておいてもらえれば後はたいていの問題はクリアできる、といっていいくらい、飲食店経営においては大事な要素です。

「わかりやすさ」「あなたらしさ」「ライブ感」、この3つが揃っていないと、まず店をつくるあなた自身が楽しくなれません。楽しくないと、たとえ短期的に繁盛することがあっても、それが長続きしません。

繁盛する店が長続きすることで地元に根付くようになり、周囲が元気になり、町が活性化するようになります。あなたが楽しければ、地方全体も楽しくなるのです。そのことを肝に命じてください。

さて、超ベテランの料理人、職人がいるにも関わらず、満足できる売上や結果が出ていない店が数多くあります。残念なことに、長くて優秀なキャリアがかえって邪魔になってしまうことのほうが多いのです。

なぜか？

一言でいえば、「優秀な料理人は何でもおいしくつくってしまう」からです。

それのどこがいけないの？　と思われるかもしれませんが、一度お客さんの立場になって考えてみてください。お客さんが来店するにあたって、厨房に入って料理をつくっているのが誰であるのか気にかけるようなことは、ほとんどないでしょう。

いくらキャリアが素晴らしい料理人や職人でも、テレビに何度も出ていたり、レシピ本がベストセラーになっているような有名シェフでなければ、お客さんはほぼ興味がないのです。

もちろん、料理がおいしいのは店が繁盛するようになる条件のひとつですが、その料理を誰がつくっているのかが大きな意味をなすのはあくまで店のスタッフの中だけの話で、お客さんにはまったく関係のないことなのです。、

実際、ベテランで優秀な職人がいなくても、繁盛している店はたくさんあります。**極端なことをいえば、繁盛店をつくるのに「職人」は必要ないのです。**

職人不在でも繁盛する店を生み出すには、メニューづくりにおいて以下の3つの心得を意識しておく必要があります。

❶そのメニューは誰にとってもわかりやすいか？（簡単に伝わるか、理解できるか）
❷そのメニューはあなたの店らしいか？（「なるほど」の共感を得られるか）
❸そのメニューは五感を刺激するか？（心が動くか、記憶に残るか）

たとえば、和食系の海鮮居酒屋で「マグロ解体ショー」を売りにすれば、マグロというわかりやすく誰もが好きな食材で（❶）、いかにも和食店らしいという印象を持たれ（❷）、見た目もダイナミックなイベントとして記憶に残ります（❸）。

インド料理店で「太刀魚《たちうお》解体ショー」を行っても、❶〜❸の心得を満たす要素が何ひとつないので、誰の共感を得られないでしょう。単に目を引くようなメニューを用意すればいいというわけではありません。お客さんの視点からメニューを組み立てていくことが大事なのです。

この❶〜❸の3つが揃って初めて看板メニューとなり、繁盛店の礎になるわけです。

看板メニューとは、あなたのお店にしかないオリジナルのものであるからこそ〝看板〟になるのです。それはそのまま、あなたのお店の〝存在理由〟になるはずです。ここを押さえてエネルギーを集中してアピールしておけば、自然にお客さんはついてきます。看板メニューづくりは、繁盛店を生み出す上で最も大切な要素だと覚えておいてください。

「わかりやすさ」「あなたらしさ」「ライブ感」、それぞれについて説明していきましょう。

「わかりやすさ」 〜あなたのお店のメニュー、わかりやすいですか？〜

重要なのは、お客さんがお店を見たときに一瞬で何屋さんなのか、何を売りにしているのかを明確に判断できるようにすることです。そして、わかりやすい食材やメニューを前面に持ってくること。

マニアックな自分のこだわりをおススメしてはいけません。**まずは、「みんなが大好きな食材やメニューを売りの軸にする」こと。**

〝みんな〟というのは、あなたが店を開いた商圏のお客さんの、8割ぐらいの人たちのことだと考えてください。日本人の平均的な嗜好をベースにすれば、どのようなメニューがわかりやすいのか、自ずと答えは出てくるはずです（ちなみに〝商圏〟とは「自分の店から半径○○メートル以内」と具体的に言われることもありますが、あくまで目安にすぎません。商圏が半径500メートル以内のラーメン店もあれば、世界を商圏にした三ツ星レストランもあり、店の在り方や規模によってその範囲は異なってくるのです。私の新宿の店の場合は、「半径約2kmほどのご近所にお住まいの方・会社にお勤めの方」「岩手にゆかりのある、東京都と近郊に在住の方」と、2つの商圏を設定しています）。「みんなが大好きな食材やメニュー」については、代表的なものを次のページで表にまとめたので、参考にしてみてください。

人気のメニューは専門店が日本全国に数多く存在しているのがわかりますよね。やはり、多くのお客様に支持される食材やメニューは、ある程度定番のものが決まっているということです。

まずはわかりやすいメニューや食材で、お客さんの興味を引きましょう。すべてはそこからしかスタートしません。

■横綱・大関級の食材

国産牛・ブランド牛	松坂など有名な牛肉・A5ランクなどはさらに◎
本マグロ・寒ブリ	解体ショーはどこでも大人気
ウニ・イクラ	産地に関係なく人気
牡蠣	今は一年中、生食用の殻付きが入手可
伊勢海老・ロブスター・海老	豪華な彩りが華やかさを演出
アワビ・貝類	高単価を狙える定番食材
チーズ	女性が大好きな代表格
蟹	貝と同じく、高単価が狙える

■人気メニューリスト

すし	炙り鮨、スシロールなど創作系も人気
ステーキ	鉄板で提供、シズル感を出すとさらに◎
ピザ	短時間提供・低原価、子どもにも人気のメニュー
パスタ	幅広い客層に支持される定番メニュー
とんかつ	ブランド豚・低温調理など、進化する人気メニュー
焼肉	調理の手間がいらない定番メニュー
スイーツ	スイーツビュッフェは田舎でも最高の集客を記録
鍋	冬の定番・利益獲得メニュー
ご飯・米	土鍋ご飯・炊き込みご飯など、提供方法がカギ
十割そば	健康志向のヘルシーメニュー・製麺機導入で職人いらず
焼き鶏	炭焼きすることで、低原価で極上の味に
ウナギ	炙り焼きの薫りが食欲をそそる定番
焼きたてパン	焼きたてを提供することがポイント
ラーメン	オリジナルのラーメンは田舎でも人気
カレー	食堂では不滅の人気メニュー
パフェ	幅広い客層に人気。ジャンボパフェはロングセラー
天ぷら	低原価の代表格。バリエーションも広い
から揚げ	とりあえず食べたい、と本能的に思わせるメニュー
しゃぶしゃぶ	女性にも人気。調理の手間も要らない。

「あなたらしさ」～キーワードは「なるほどね」という共感～

あなたにしかできないことはなんですか？

そう訊かれてもすぐには答えられないかもしれませんが、この場合の回答として正しいのは、訊いてきた人が「なるほどね」と共感してくれるような要素を提示してあげることです。

「牡蠣漁師さんが手掛けるオイスターバーか。なるほどね」

これはそのお店にしか出せない個性も明確に出している、模範解答です。

「おいしそう！」「このお店、良さそう」と来店前に思ってもらえるかどうか。それは、あなたのバックグラウンド、歴史を紐解いてみればヒントやキーワードが浮かんできます。

あなたや周りのスタッフが今まで何にいちばん時間を割き、どんな人生を送ってきたか？

その結果として今、あなたが得意としている分野が何なのか？

自分の人生のサイズにいちばん見合ったメニューは何なのか？　いちばん伝えたいことは何なのか？

ここが理解できていれば、店づくりにあたってブレることがありません。

要は「他人から評価されている自分」の姿を認識して、それをベースにしながら自分のつくりたい店を組み立てていけば間違いがない、ということなのです。 結果的にお客さんから「なるほどね」と思われるような共感の意識を持ってもらうこと、これが繁盛店への最速の近道といえるでしょう。

私の場合でいえば青森県出身なので、海鮮類を中心とした東北の食材には昔から馴染みがあり、駆け出し時代のイタリア料理店での修行や、「はじめに」でお話したような岩手県の料理教室での体験をベースにして、「イタリアワインで三陸の料理を味わう魚バル」というテーマの店を立ち上げました。「イタリアン＋東北」がここでいう、「あなたらしさ」だったのです。三陸の料理をイタリアンで楽しむというスタイルが珍しかったこともあって、短期間で売り上げを伸ばすことに成功したのは、前述の通りです。

お店のテーマは特に変わったものである必要はありません。たとえば、イタリアンの店で働いた経験があり、本場の味も知っている人であれば、そのテーマを突き詰めて「本場イタリア・ナポリピザの店」みたいなものを組み立ててもいいでしょう。この場合、〝イタリア〟〝ピザ〟という「あなたらしさ」が、お客さんにとっての「わかりやすさ」につながり、共感を生んでいくのです。

これが「インド人シェフのピザの店」だったら。「あなたらしさ」も見えないし、ちぐはぐな印象からお客さんの共感も得られないでしょう。

「江戸時代から代々続く老舗のうなぎ屋」なんていうのも、〝うなぎ〟と〝老舗〟のイメージがマッチして、お客さんに納得、共感してもらうことができるでしょう。「おばちゃんたちの大盛り食堂」「海鮮居酒屋のマグロ解体ショー」「豚屋のカツサンド」……関連付けしやすいキーワードを並べた店名やメニュー名、イベント名は、それだけで伝わりやすくなります。

ただ単に、「これが儲かりそうだから」とか「あの繁盛店を真似たい」だけでは、お客さんの共感を得ることはできませんし、結果、長期的に繁盛することは難しくなります。**「あなたにしかできないこと」を組み込むことで自己表現しながらお客さんを喜ばせて繁盛店をつくる。**こんなに楽しいことはありませんよね。

近所で長く続いている店のおじさんやおばさんの顔を見てみてください。楽しそうじゃありませんか？

「ライブ感」 ～五感を刺激する～

人間を司る感覚の五大要素と呼ばれる、〝視覚〟〝聴覚〟〝嗅覚〟〝触覚〟〝味覚〟の「五感」。飲食店の場合、〝味覚〟を刺激することが最優先になると思われがちですが、実は味覚は最後に考えればいいだけの話で、むしろそれ以外の感覚のほうが重要。それをもって「五感を刺激する」ことになります。

「五感を刺激する」といっても、ド派手な演出をしよう、ということではありません。もちろん、派手な演出が似合う店、賑やかな繁華街にあるような店であれば派手な演出も良いかもしれませんが、静かにくつろげる大人のお店には落ち着いた演出が必要になることも多いですし、それぞれの店舗のスタイルに沿った「五感の刺激の仕方」があることを認識しておいてください。

上品に、静かに五感を刺激する演出をすれば良いのです。そうすれば、よりお客さんの記憶に残るお店となり、口コミへと繋がります。

〈視覚〉

見た目、実はこれがメニューづくりにおいて、最も大事な要素です。なぜかというと、資格は五感の中でいちばん最初に伝わってくる情報である場合が多いからです。

「おいしそう！」と思ってもらえるか？　彩りがキレイか？　迫力があるか？　盛り付けは美しいか？

見た目がイマイチだと、五感の他の４つが秀でていても、評価が低いまま挽回できません。ですからここはこだわって、仮にうまく盛り付けができたと思っても、もっとベターな盛り付け方がないか常に見直し、自分目線ではなくお客さんの目に立ってチェックしてほしいのです。お皿を変えるだけでもかなり印象が変わるので、看板メニューには特別なお皿の使用も検討してみてください。

〈聴覚〉

食事という行為において、聴覚はほとんど関係ないように思われるかもしれませんが、たとえば厨房から聞こえる調理中の音、鉄板焼きのジュージュー焼ける音、フライパンがガツガツいう音などは、それだけで食欲を刺激するものです。

そして、店内に流れるＢＧＭ、同席している人との会話など、食事を楽しむあたっての付加価値的な音の要素も不可欠になります。**賑やかな店がいいのか、静かな店がいいのか、その見極めも店のスタイルを決める上で重要になります。**

〈嗅覚〉

燻製の薫り、カレー屋さんのスパイス香、焼き鳥の炭焼き、ウナギの芳ばしい匂い。**食べ物が発する香りは、ダイレクトにお客さんの食指をそそる効果があります。**普通に街を歩いていても、おいしそうな匂いが漂ってきたら、つい足がそちらに向いてしまうことは誰にでもよくあることでしょう。嗅覚も五感を刺激する、大事な要素です。

たとえば、店外に香を流して外を行き交う人たちの五感を刺激するのもかなり効果的です。

〈触覚〉

やってきた料理に最初にスプーンやフォーク、箸を入れる瞬間。お客さんがダイレクトに食事に触れるファースト・コンタクトです。

ここで「思ったより硬いな」とか「ちょっと気持ち悪いな」といったような印象を与え

てしまうと、食後の反応にまで響いてしまいます。**触覚についてあまり意識する必要はありませんが、少なくとも不快な印象は与えないように心がけましょう。**

また、料理イベントを開催して、お客さんに直に食材に触れてもらうことも、非常に有効で記憶に残りやすい演出です。焼肉を自分で焼く、鍋を取り分ける、卓上で岩塩を削る、ステーキを切りながら食べる……お客さんが面倒くさいと感じない程度に身体を動かしてもらうのも、店をより身近に感じてもらうために効果的な工夫なのです。

〈味覚〉

味そのものは、今まで説明してきた五感の中では、いちばん最後の感覚だと考えてください。食事という行為にあたっては、誰もがこれが最も重要な要素だと思いがちでしょうが、味覚はそれまで味わってきた五感のうちの4つの感覚を経て、最後にやってくるものです。

もちろんこれがなければ食事の楽しみも何もありませんが、ここばかりに集中して他の感覚に対して意識がおろそかにならないようにしていただきたいのです。

味覚は〝酸味〟〝苦味〟〝甘味〟〝辛味〟〝塩味〟の5つと〝旨味〟を加えた6つが基本ですが、この中のひとつを際立たせることによっても、記憶に残る一品にすることが可能で

す。例を挙げると、以下のようなものです。

「酸味」：特別醸造の黒酢酸辣湯麺
「苦味」：ダークチョコレートのビターガトーショコラ
「甘み」：ケーキのように甘くとろける出し巻き卵
「辛み」：挽きたて黒胡椒で覆われた四元豚のカルボナーラ
「塩味」：ゲランドの塩で作った自家製フォカッチャ

特別にコストをかけなくてもすぐにできることなので、人気メニューの五味をさらに特徴づけることによってより記憶に残るような工夫ができないかどうか、考える習慣をつけましょう。

実際のメニューづくりにあたって、五感のそれぞれの成果はどのようなものか、書き出して検証してみるのもいいでしょう。これもとにかく、作る側本意ではなく、お客さんの立場になって考えることが重要です。

五感を刺激するメニュー

「視覚」階段型の木台に盛り付けたお刺身。内容は普通でも、その立体感に気持ちが高まる

「嗅覚・聴覚・触覚」定番の鉄板焼きは焼ける音と香りに加え、〈伝わる熱〉で多くの五感を刺激

「嗅覚・視覚」カウンター越しの炭焼きは見るからにおいしそうな煙漂う光景

「視覚・聴覚」マグロの解体ショーは、魚を捌いているだけでも、五感を刺激する

「触覚」卓上でヒマラヤ岩塩を削って、最終調理していただく演出は業種を問わず好評。原価も◎

「触覚・視覚」お客さんに回して削って食べていただくチーズ、テッドドモアンヌ

一等立地と二等立地の違い
〜エッジの効かせ過ぎに注意〜

売上や集客に困っているときは「とにかく他の店がやっていない新しいことをやらないといけない」と考えがちかもしれませんが、長く繁盛する店は必ずしも目新しいことをしているわけではありません。

看板メニューはもちろん、業態やメニュー構成を決めるときに、自分たちの店の〝立地〟について少し考えてみてください。

テレビや雑誌に出てくる繁盛店は、外観からメニューまでかなり尖った、特殊な形態の店がピックアップされることが多いように見受けられます。

しかしこれは、東京都内でいえば渋谷、恵比寿、中目黒あたりの、若者が最先端の流行を追いかけて集まってくるような〝一等立地〟にある店のみに有効な営業形態であり、そもそもそうした繁華街は競合店がひしめき合うため、差別化のためにも店の個性を際立たせる必要があるのです。

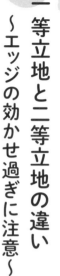

こうした店は確かに目立って人目を引きやすくはありますが、**逆に言えば時代の流行に左右されやすいところがあり、したがって流行り廃りのサイクルも早いのです。**一瞬、注目され、お客さんも集まりはしますが、数年後には店ごとなくなっている、なんていうこともよくあります。

一方、地方の街に行くと、いわゆる〝何でも屋さん〟のような構えの店舗がたくさんあります。

見た目からして没個性的で、メニューは何でもあり、いったい何を売りにしているのかわからないような飲食店。なのに、一定数の集客は常にキープしていて、長年にわたって営業を続けられている。

これは商圏に人口が少ない、いわゆる〝二等立地〟では、あまりに個性的な業態の店構えやメニューは支持されないということの表れなのです。さほど人通りが多くない街であれば、そもそも飲食店の数もそれほど密集していることはないわけですから、個性を際立たせて他店と差別化する必要もない。それより万人に開かれているような敷居の低い店のほうが、お客さんが集まりやすいのです。

つまり、よほど人気の高い繁華街に出店するのでもない限りは、とりわけエッジの効い

た、**特別なメニューをひねり出す必要はないわけです。**下手に際立った個性を打ち出すより、別の側面からのアプローチで、お客さんにもっと支持される特徴を出していくことのほうが重要です。

私も虎ノ門で魚バルを経営しているときは、意図的に個性の強いメニューをつくらないように心がけて、結果的にお客さんに長年支持されるようになりました。現在も新宿区の中の人気の少ない静かなエリアに店を構えているので、あえて専門的なメニューや特別な装いは外すようにしています。奇をてらわないコンセプトで敷居を低くしておけば、それだけ近辺に住んでいるお客さんが来やすいからです。

看板メニュー＝「どこにもない特別なメニュー」である必要はないのです。むしろ、一見特色のなさそうな定番メニューが看板になることのほうが多いのです。

その看板を決めるベースになるのが、先ほどから挙げている〝立地条件〟なのです。

私が現在都内に開いている店の立地でいえば、一応都市圏らしくビルが乱立して人出も多いですが、繁華街というほどの賑わいではない。地下鉄の駅がひとつあるだけで、人が集まりやすい場所でもない。飲食店の数はそこそこで競合店もあるけれど、密集しているわけではない。

こういう場所で、飛び切り派手な店や専門色の濃い店を出して、はたして似合うのかどうか？

繁盛する店にとって必要な要素として、他の競合店などから一歩抜きん出るための〝差別化〟がよく挙げられますが、先ほどお話ししたように、これは競合店が密集している繁華街のみに有効なアプローチであって、閑静な街や郊外・地方に出店する場合、まず街の雰囲気に合うかどうかを吟味することが重要なのです。

つまり、街に馴染む店であるかどうかということ。

東京を例に挙げると、

・銀座……寿司
・月島……もんじゃ
・日本橋……天ぷら
・新大久保……韓国料理
・新橋……居酒屋

など、人気メニューが街そのものを表現しているような場合がありますよね。

流行っているお店のメニューを真似してもうまくいかない理由のひとつは、自分のお店がどういう場所にあるのかを、そもそも理解できていない点にあります。街の色や雰囲気は、そのままダイレクトに店構えに影響してくるものなのです。

どの部分で、どのくらい特徴を明確に出して差別化すればいいのか、一度、客観的な視点で眺めてみてください。

特に人口が少ない場所、客数の母数が少ない立地では、より多くの人が好きな料理をメインにした、馴染みある業態をベースにしましょう。

過疎の町での戦い方 〜ポイントは「宴会」と「送迎」〜

都市部の繁華街での飲食店運営の王道は、地方・田舎のそれとはかなり異なります。端的に言って、飲食店の範疇から逸脱するレベルの仕事を増えるのです。

具体的に言えばグルメサイトでの宣伝に大きなコストをかけ、そのための営業担当者も個別に配置して、さらにSNSでの口コミ効果の導線をつくっていく。こういった販促活動をコンスタントに行っていくのは、都市部での飲食店営業にはもはや必須の作業だといえます。

しかし、お店を回していくよりも、そうした販促活動に時間を取られてしまったら本末転倒です。ネットでの予約システムのコントロール自体もかなりややこしく、一から理解して実行するだけでも一苦労です。

私も東京の新橋ビルの5階で店を運営しているときは、仕事に費やす時間のほとんどをグルメサイトでの集客戦略に奪われ、おいしい料理を提供することやお客さんへおもてなしをすることは二の次になってしまい、いったい何のために飲食店をやっているのか……と、疑問を感じることしきりでした。

繁華街でいくら繁盛店を生み出せたところで、飲食業の本質からかけ離れた業務に追われてしまっているばかりでは、自分を見失ってただ、利益を生み出すための終わりのないマラソンを続けるだけになってしまいます。たとえ集客が見込めるよい場所であっても、繁華街の経営は注意が必要です。

ですから、これから飲食店を始めたいと考えている方には、逆にライバルが少ない地方や田舎での出店をおすすめしています。

私も岩手県の人口６０００人以下の過疎の町で２年間飲食店を経営し、月商平均３００万円以上の安定した売上を継続してきました。田舎での飲食店の存在は街のシンボルといってもいいぐらい重要で、外食という目的以外にも住民の方々の集まりの場になったり、さまざまな機能を果たします。殺伐とした都会で売上だけを求められる仕事よりも、とてもやりがいがあります。

車社会の田舎町では、30分かけて隣町まで用事に出かけるということも日常茶飯事です。

したがって、小さな街でも商圏を「車で30分以内」と、かなり広い範囲で設定することができます。

私の場合、隣り合うふたつの市を商圏として、合わせて3つの市町で6万人ぐらいを商圏人口として捉え、販促を仕掛けていました。ライバルが少なく、グルメサイトに翻弄されない環境のおかげで伸び伸びとした販促ができるようになり、何より都会で活動していたときにはまったく縁のなかった〝心のゆとり〟が生まれました。

ほとんどの地方では移住を推進していて生活補助も多く、子供にとってもよい環境なので、家族で移り住むには絶好の場所です。未知の土地に生活の根を下ろすことについて不安を抱く方も多いと思いますが、各市町村の役場窓口に問い合わせればいろいろな情報を提供してくれるので、むしろ都会に住むより快適な環境を得られるはずです。

もちろん、客数の絶対数が少ない地方の飲食店経営にもそれなりに苦労がありますが、2つのポイントを押さえて運営すれば、過疎の町でも経営は安定します。

それは「宴会」と「送迎」です。

この2つは、店のタイプが庶民的な和風の料理屋でも洋風のお洒落なレストランでも、変わらず必須の要素なのです。個別に説明していきましょう。

〈宴会〉

あらゆる場所に飲食店がひしめいている都市部とは異なり、地方においておいしい食事やお酒を求めてプライベートで外食に出かける、という文化はまだまだ根付いていません。というより、そういう気軽に外食文化を楽しむ若い客層が、もともと地方には少ないのが現状です。

私も、岩手で店を開いていたころ、たまに用事があって東京に向かったりするたびに、デートなどで外食を楽しむ若者の多さに面食らうことがよくありました。外食を楽しむにあたって、都会と田舎では客層がまったく異なることを承知しておいたほうがいいでしょう。

では、地方ではどんなタイプの外食スタイルが多く見られるのかというと、「宴会」です。

住んでいる人たち同士の地域間の結束が固いので、いつでもたくさんの会合や集まりがあり、当然ながら打ち上げの飲み会も行われます。集会がないとお互いなかなか会えないという事情もあり、当然おいしいご飯やお酒と一緒に貴重な宴会の時間をたっぷりと楽し

宴会案内チラシ（左が表、右が裏）。コースのメニューはわかりやすく

みたいという需要が高いのです。

その需要をコンスタントに取れるようになれば、売り上げも一気に上がり、お店の経営は大きく安定します。

周囲にライバルが少ないのですから、都会で店を開くよりもはるかに早いスピードを、経営を安定させることができるはずです。

宴会のメニューには特に個性的な料理は必要ありません。もちろん安定したおいしさは必要ですが、地方の宴会で幹事さんが重視するのはリーズナブルな予算、ゆったりとした客席スペース、気兼ねなく腰を据えらえる快適な雰囲気などです。

つまり、大人数で食事を楽しむのに特化

した条件のほうが優先されるわけで、この場合、メニューの内容はある程度、無難であるほうが効果的でしょう。

個性的なメニューを展開するのは、リピーターが増えて店の経営が安定してからで十分です。店の売りや軸はわかりやすくアピールしつつ、いつでもさまざまな需要に対応できるようにしておきましょう。


〈送迎〉


「え、マイクロバスを用意しないといけないの？」と思われるかもしれませんが、そうではありません。日頃よく使っているような自家用車で、できる範囲ではじめられればそれでOKです。

いわゆる〝送迎車〟を有料で使う場合は正式な免許が必要になってしまうのですが、お店の人間が自分の車で無料で送り迎えする場合は、そんな面倒な手続きも必要ないので、ご安心ください。

車社会の地方では、日が暮れてからわざわざ長い距離を運転して外食に行くという行為自体、ハードルが高くなってしまいます。また、帰りも運転しないといけない以上、気軽にお酒を楽しむこともできません。

でも、店をやっている側にとっては、単価の高いメニューやお酒を楽しんでもらわないことには、売上もおぼつきません。有料の運転代行サービスをオプションにつけたコースを用意することも可能ですが、お客さんにとってはその分お金がかかることになるので、なおさらコンスタントに店に来てもらうことが難しくなり、結果的には単なるアクセスの問題だけで、大きな収入源を逃してしまうことになります。

ですから、無料の送迎サービスがあると、ハードルが下がって、気軽に来店してもらう確率が高くなる、ということです。

あまり大がかりなものでなくてもいいので、できる範囲の人数や時間で送迎をはじめてみましょう。最初のうちは手間がかかるかもしれませんが、やりながら改善していけばいいのです。

何事も、できる範囲から手をつけてみること。少しでも反応がよければ続ければいいし、ダメならやめればいいだけです。

自分で考えたことがお客さんに支持されてヒットしていくのは本当に楽しいことです。

「宴会」「送迎」は地方や田舎で飲食店を運営するときの、料理以上に大きな武器になります。

ただ、２０２０年春に世界中を襲った新型コロナウイルス感染への対策として、本書を執筆している時点では、多くのお客さんが密集する「宴会」「送迎」は、実行できにくくなっているのも事実です。ですが、このパンデミックが収束し、再び飲食店にお客さんが集うようになれば、今まで以上に「宴会」「送迎」の需要は高まることと思います。

今すぐ、でなくても、あなたの店の明るい未来に向けて、ぜひ、試してみてください。

第3章

繁盛店を生み出す 売れるメニュー&イベント20

～「わかりやすさ×あなたらしさ×ライブ感」で考える～

一度は試してほしい繁盛メニュー&イベント・20本！

では、ここからは立地に関わらず店を繁盛させてくれる、具体的なメニュー事例を見ていきましょう。**前章で紹介した売れるメニューの必須条件、「わかりやすさ×あなたらしさ×ライブ感」のポイントを踏まえて、紹介していきます。**

ここで挙げている各事例は、私の店も含めた実際の店舗で試されて、大きく効果があったものです。したがって、あなたのお店の場合に置き換えて応用してトライしてみても反響が期待できます。ピンとくるものがあったら、ぜひ試してみてください。

❶ 牡蠣

気軽に新鮮な生牡蠣とお酒を楽しむことができる「オイスターバー」は近年、オフィス街や駅ビルを中心に多く見られるようになってきて、レストランバーとしてはかなりポピュラーな業態になっていると思われます。おなかいっぱい牡蠣が食べられる「牡蠣小屋」なども一時期流行りました。

とはいっても、ここでお伝えしたいのは「オイスターバーをやりましょう！」ということではありません。牡蠣という食材そのものに注目してほしいのです。

オイスターバーが増えているということは、全国的に牡蠣の需要が高い、ということですよね。それだけ牡蠣好きの人は多く、魅力的でキャッチーな食材なのだから、応用しない手はありません。

私がプロデュースした魚バルでも、1年じゅう生でいただける三陸産の牡蠣をメインフックに

生牡蠣はわかりやすく、キャッチ―な食材

したメニューを開発して、結果的に店自体が右肩上がりに繁盛するようになりました。**それだけ、わかりやすいキャッチーな食材を売りにするのは繁盛店を作り出すためには大きなポイントで、生牡蠣をメインにしたオイスターバーは「わかりやすさ」の典型例だといえます。**

仙台の三陸漁師のオイスターバー「オストラ・デ・オーレ」の牡蠣メニュー。オイスターバーの要素は0次会から2次会まで、幅広い需要を取り込むことができる

生牡蠣は別に特別な料理でもなんでもありません(何しろ、「牡蠣を剥いた」だけのメニューなのですから)。殻付き牡蠣は1個100円ぐらいから仕入れが可能ですが、見た目から高級感がある食材なので多少の値をつけることもできるし、逆に安い値段設定にしてお得感を出すのも効果的です。

生の殻付き牡蠣は見た目のライヴ感もあり、シーフード・海鮮系のお店ならピッタリの食材です。食卓ではお目にかかれない殻付き牡蠣は仕入れ、提供も簡単でおすすめです。

なにより牡蠣は「食材自体が業態」という好例で、職人の手を借りることなくお店を繁盛させるヒントが詰まったメニューです。同じような形態のメニューは街のどこにでも見つかるはずなので、意識していろんな店をのぞいてみてください。

❶わかりやすさ……牡蠣というインパクトある食材
❷あなたらしさ……「牡蠣漁師が経営」などの個性の打ち出し方
❸ライブ感……店内に広がる牡蠣空間

2 マグロの解体ショー

私が手掛ける三陸バルや海鮮居酒屋で頻繁に開催するのが「マグロの解体ショー」です。イベントとしてライヴ感にあふれているのはもちろん、マグロがとりわけ古くから日本人に愛されている〝食材の王様〟的なメニューであるので、和食系のみならず、イタリアンの店で開催しても大きな反響があります。お子さんや外国の方にも喜んでもらえることが多いので、幅広い客層に有効なイベント食材です。

「いや、マグロを捌《さば》く技術が必要じゃないの？」と思われるかもしれませんが。実は見た目ほど難しくありません。普通に魚の3枚おろしをする要領でできますし、大がかりなイベントにすることもなければ、特別緊張するようなこともないでしょう。

仕入れについては、豊洲に出入りしている魚屋さんや仲買人にお願いすれば、10〜20kgぐらいのちょうどよいマグロを調達してくれます。1kgあたり1000〜2000円と、マグロの種類や状況により値段は変動しますが、「カマ焼き」「血合いの竜田揚げ」「中落ち」「ステーキ」など、お刺身以外のメニューでも使い切ることを考えれば、それほど高い買い物ではないでしょう。

イベントの最中はお店が興奮の渦に包まれて楽しいし、マンスリーイベントにすれば店の名物になったり、マンネリ化も防げます。

過去に私がプロデュースした海鮮居酒屋では週2回のペースでマグロの解体ショーを開催して、結果的に売上が1・5倍以上にあがりました。もちろん、プロの板前さんがいたからできたことですが、**「魚をまるごと目の前で捌く」というアクションは、私たち飲食業界人には見慣れたものかもしれませんが、一般のお客さんにはふだんめったに触れるこ**

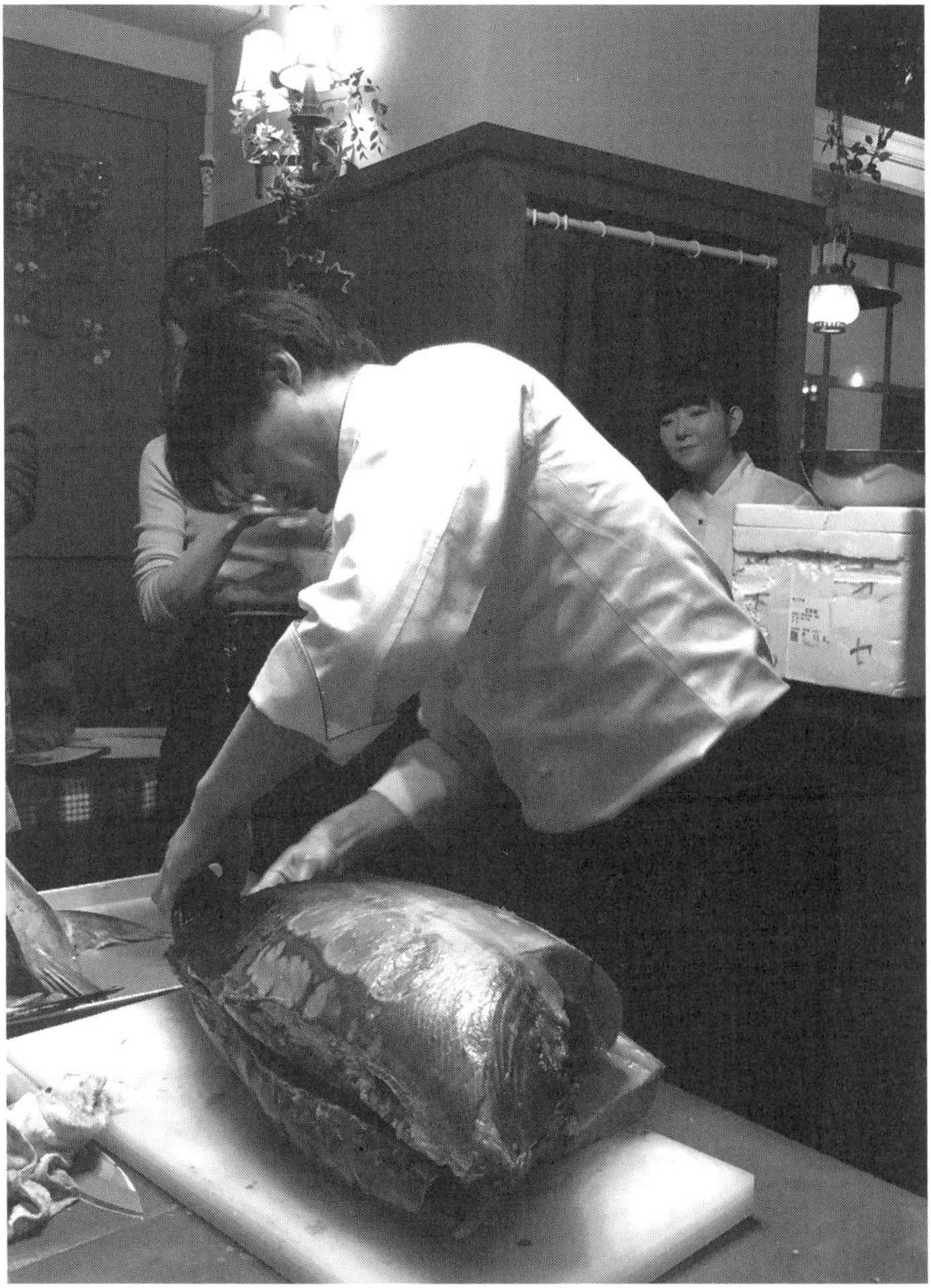

マグロの解体ショーはイタリアンの店で開催しても人気が高い

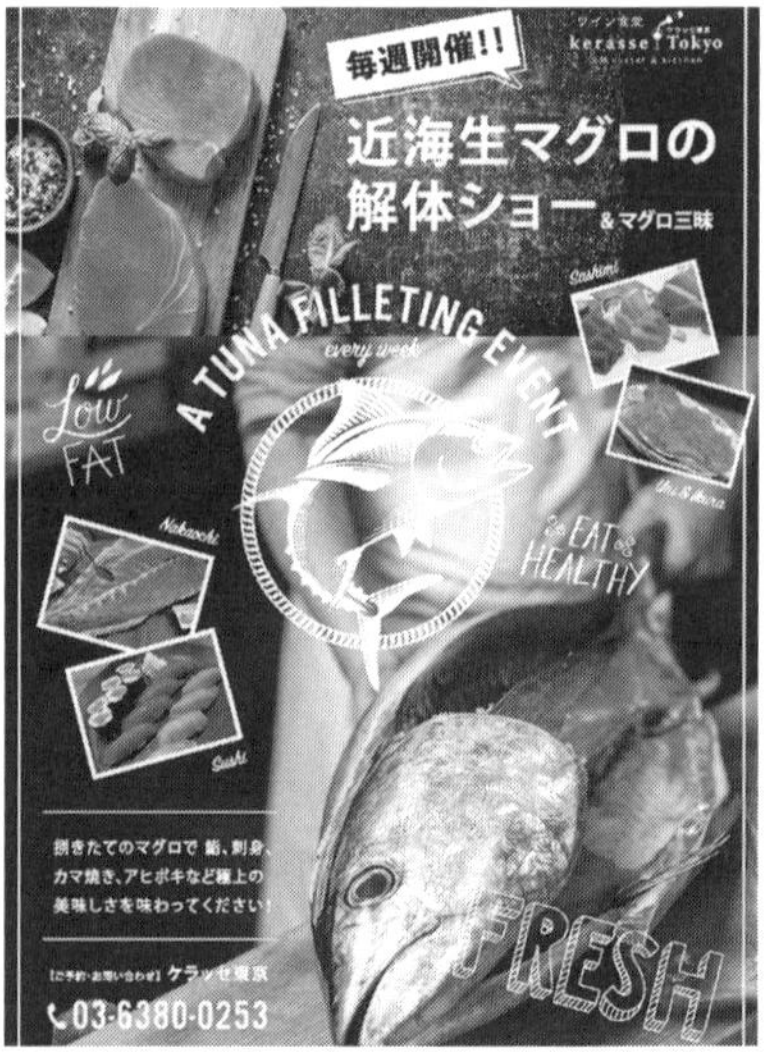

洋食店用のマグロ解体ショーのポスター。業態を問わず、人気の食材・イベント

とができない新鮮な光景なのです。

定期的に解体ショーを行うようになれば、それだけでお客さんに店のイメージを強く印象づけ、特にイベントがない日でも日常的に来店してもらえるようになります。あまり大がかりでなくても十分ですから、一度試してみてください。

❶わかりやすさ……マグロという老若男女誰もが好きな食材
❷あなたらしさ……シーフード系がメインの業態・スタッフの個性が売りの店
❸ライブ感……目の前で捌きたてを食べられるスペシャル感

③ 炙り寿司

日本人なら誰でも大好きな食べ物の代表格が「お寿司」です。

お寿司は特に、地方の店舗で大人気でした。もちろん、一から寿司屋をプロデュースしたわけではありません。和洋折衷の古民家レストランで地元産の米や魚を使った炙り寿司をメニューに加えたところ、思いのほか大人気を呼ぶことになり、日本人に訴求する寿司のパワーを改めて思い知ることになりました。

メニューとしてのわかりやすさはもちろん、

・「地元のおいしいお米」×「豊富な魚介類」

←

・2つの食材を生かした寿司

←

・ワインにも合うように香ばしく炙る

といったストーリーをアピールすることで、お客さんの共感を得る実績がヒットメニューには必要なのです。最後にお客さんの前であぶることで、ライブ感も打ち出せるはずでしょう。

単に酢飯の握りに魚介が乗っただけの寿司なら誰にでも作れます。ここに「あなたらしさ」が加わっていないと、メニューとしてヒットしないのです。**たかが寿司にも物語が必要であることを理解してください。**

炙り以外の寿司メニューとしては、洋風の寿司ロールも子供たちを中心に好評を集め、リピートメニューの定番になりました。

寿司の握り方や巻きずしの巻き方などには職人技が必要だと思われがちですが、特に専門的な知識や技術がいるわけではありません。スーパーで売っている寿司だって職人でもなんでもない人が握っているわけです。最近はＹｏｕＴｕｂｅ（などでも寿司の握り方をレクチャーする動画などがいくつも公開されていますし、参考にできるものはたくさんあります（ちなみに前述のマグロの解体のやり方もネット動画で学べます）。何回か練習すれば、難しい技術ではありませんし、何も寿司屋に転職するわけではないのですから、ほどほどなレベルまでマスターできればいいのです。

炙り寿司盛り合わせは、和洋業態問わず、特に地方では需要が高い人気メニュー。多少は事前に作り置きできる便利メニューでもあるので、なるべく特化するのがおススメ

洋食がメインの店には似合わないと思われがちですが、寿司はとても応用範囲が広い料理です。是非、導入を考えてみてください。

❶わかりやすさ……日本全国、誰もが好きな寿司
❷あなたらしさ……古民家を改装した雰囲気にもフィット
❸ライブ感……目の前で炙って香ばしい薫りを出したり、塩でいただく演出もあり

❹ 結婚式の二次会

ここでメニュー自体から少し外れて、イベント形態の事例を挙げましょう。

結婚式の二次会は、必ず利益が取れる重要なイベントです。自分の店の周囲に結婚式の式場があるか、二次会を受け付けているお店があるか、チェックしてみてください。

飲食店で二次会を開くには、適度におしゃれな内装、センスのいいメニュー、プロジェクターなどの設備、ワンフロアーのスペースが必須条件になりますが、週末にパーティーの予約が取れると売上が一気に上がるのはもちろん、少ないスタッフや低い原価で開催できるので、経営面でも大きなプラスになります。

貸し切りにすればスタッフも大人数は必要なく、すでに披露宴で食事を済ませてきているお客さんも多いので、メニューもたくさん用意する必要がありません。十分なお酒などのドリンク類と、それに見合う気の利いたおつまみ類を提供できればいいでしょう。

私が東京の恵比寿でレストランシェフをしていたときは、特に宣伝しなくてもお客さんから問い合わせがたくさん来るので驚いたものです。途中で店を移転してからも、特に告知しなくても状況は変わりませんでした。つくづく、ウェディング事業は儲かるんだなぁ、と痛感しました。

ただ、都市部と違って地方では、まだまだレストランやカフェでの二次会文化が浸透していないので、最初から需要がありそうな場所に、洒落た内装デザインで店舗を構えるのもいいと思います。

二次会が開けるような環境を用意することができれば、それ以外の催事の会場として利用される回数も増えてきて、結果的にその地域に必要な場所に成長することにもなります。地域貢献にもなるし、いいことづくめなのです。

❶わかりやすさ……料金プラン・内装など幹事にわかりやすく伝わるように
❷あなたらしさ……オリジナルの楽しさを提案
❸ライヴ感……他のお客さんの開催例を提示・興奮を伝える

〈チェックポイント〉
・周りに結婚式場やホテルはあるか？（移動しやすい場所は需要あり）
・周辺の店舗では２次会プランを提供しているか？（需要があるかどうか）
・自ら結婚式（１・５次会）プランを提供できないか？（式場も兼ねる）

❺ 大盛りパスタ・ジャンボパフェ

パスタに限らず、「大盛り」は飲食店経営の定番の戦略ですが、最初から大盛りを売り文句にしている店ならともかく、昔に比べると大盛りや食べ放題系の店は流行らなくなっています。ヘルシーさやダイエットの人気が相変わらず強い昨今、思いっきりたくさん食べたい！という欲求はすでに満たされてしまったのだと思います。

とはいっても、学生や若い男性、ファミリー層をターゲットにした店では、「大盛り」はまだまだ有効な手段です。

「誰でも大好物のナポリタンを鉄板で提供、超大盛り無料！」となればわかりやすいし、鉄板がジュージューいう様子は五感にも響き、パスタであれば原価も安い。そこに自分の店の特色が出た具材を加えれば、ストーリーも明確になり、お客さんも納得します。

私が取締役を務めるグループ会社の和食業態では20年以上前のオープン当初から、「スーパージャンボパフェ」なる大盛りメニューがロングセラーになっています。これは通常の7～8倍の量がある名物パフェで、それだけを目当てにお子さん連れの家族や学生たちが絶えることなく来店しています。

つまり、「大盛り」で20年以上もの間、お客さんを呼び寄せているわけです。それ以外に特別なことは一切していません（特大パフェグラスも、ビールピッチャーで代用しているくらいです）。

集客にあまりいいアイデアが浮かばないとき、「大盛り」は今でも十分有効で、すぐに実行できて結果を出すのも早い、いいサンプルです。自分の店には合うのでは、と思った方は、即実行してみてください。

❶わかりやすさ……パフェという老若男女が好きなスイーツ

器も約1万円で特注しているジャンボパフェは、20年間のロングセラー

❷あなたらしさ……20年前から変わらないオールドファッションスタイル
❸ライヴ感……約8人前の重量・特大サイズで驚きと興奮を提供

⑥ 料理教室

こちらも料理自体ではありませんが、**集客に有効なイベントの例として、料理教室の開催をお勧めしています。**

料理教室を開催すれば、「ここは料理にこだわりのある、本物志向のお店なんだ」というイメージを与えられるし、お客さんと間近でコミュニケーションできるので店特定のファンも増え、スタッフや自分自身も日々のマンネリから抜け出して、地域の知り合いやつながりも増えていく。もちろん、準備に少しの手間はかかりますが、やってみると良い結果を生むことが多いイベントといえます。

私も7年間で70回ほど料理教室を開催していますが、おかげで地域にお住いのみなさんとのご縁も続き、昔からのお客さんとも楽しく繋がっています。

難しく考えることはありません。最初は「パスタ教室」や「魚の捌き方教室」など、シンプルなテーマでスタートすればいいでしょう。**料理番組やレシピ本などで学ぶ以上に、実地で料理のことを学びたいという一般の方の学習意欲は強いのです。**

継続することが重要なので、年間計画を立てておくとよいと思います。「簡単なチラシを作り、店頭告知」「フェイスブックでイベントページを作成して、友達を招待」「告知ページを作り、メルマガ、ＬＩＮＥでも情報発信」など、認知度を高める作業も怠りなくやっていきましょう（料理教室については、第7章で改めて詳しく解説します）。

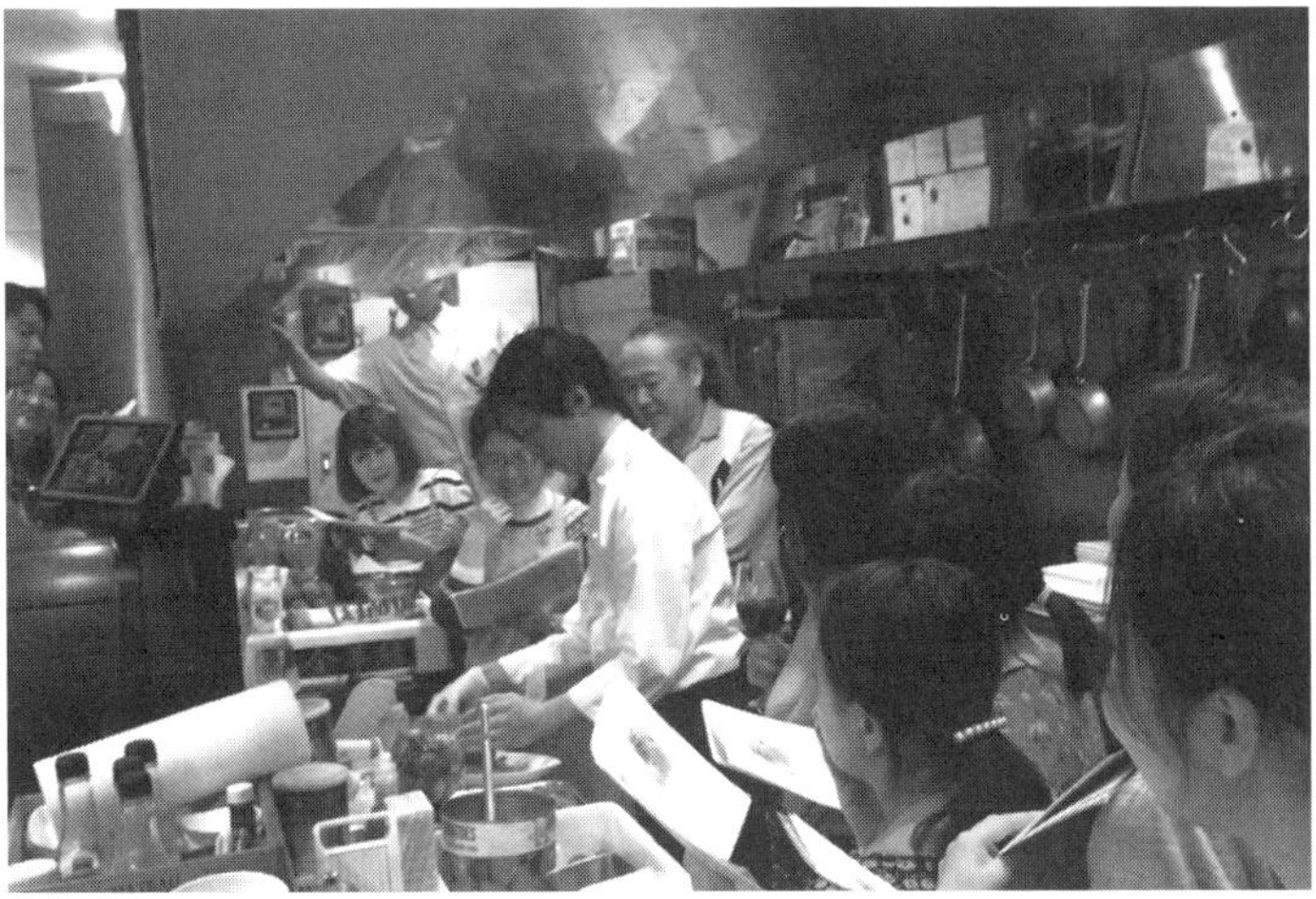

スタッフの楽しみが増え、モチベーションも上がる料理教室。多くのファンが生まれる人気企画

❶わかりやすさ……料理教室は30代以上の女性なら興味を持つ人が多い
❷あなたらしさ……自分の店らしい食材やメニューをテーマにする
❸ライヴ感……参加者が料理体験をすることで、しっかりと記憶に残る

❼ 夜パフェ

札幌で人気が出た、飲み会の締めにパフェを食べる「夜パフェ」専門店が東京でも流行っているのをご存知の方は多いと思います。パフェも幅広い客層に支持されているメニューのひとつです。

夜パフェをそのまま真似してもただの二番煎じに終わってしまいそうですが、ここには実はたくさんのヒントがあります。

・パフェ＝みんな大好きなスイーツ、とというわかりやすさ。
・札幌発の食文化、飲んだ後に食べたい甘さ控えめのお洒落スイーツ、というオリジナ

ルストーリー。

・インスタ映えする盛り付けと、手作りにこだわるライブ感。

まさに3つのポイントを押さえています。

夜パフェ専門店が渋谷などの若者に支持される街をメインに立地を選んでいるのも、イメージ戦略として重要です。スイーツ系は特に街の空気と密接に絡み合ってヒットにつながっていくパターンが多いのです。

スイーツ自体は癖になる味なので協力な武器になります（私自身も甘党なので、気持ちはよくわかります）。

必ずしも題材はパフェでなくてもかまいません。ただ、「わかりやすさ」「オリジナルストーリー」「ラ

そのビジュアルに引き込まれて来店したくなるレベルまで、作りこまれているパフェ

イブ感」の3ポイントを押さえていれば、オリジナルの人気スイーツをメニューに加えることは可能だと思っています。

❶わかりやすさ……誰もが好きな、定番スイーツ
❷あなたらしさ……札幌の文化発信という物語
❸ライヴ感……インスタ映えするディティールにこだわった盛り付けと器使い

❽ワインビュッフェ

一時期ほどボジョレー解禁のニュースは騒がれないようになりましたが、その一方で国産ワインのレベルも上がり、日本人の生活にワインがかなり浸透するようになりました。

さらに最近の居酒屋の飲み放題メニューの流れの反映なのか、たくさんの種類のワインを定額で楽しめる「ワインビュッフェ」のメニューが、特にワインを売りのメインにしていないような店でも人気を集めるようになってきました。

私が若い時分、売上に悩んでいろいろな解決策を見出そうと勉強を重ねていたとき、たまたま行ったセミナーの講師の先生が、ワインビュッフェで成功している方でした。オフィス街に出店していて、お客さんは中高年の方が多く、あまりたくさんの量は飲まない、という前提でしたが、

- **いろいろなワインを試せるので、知識も増えてお得感がある。**
- **さまざまな種類のワインを見て、触って、飲んで五感を刺激するので、記憶に残る。**
- **ドリンクサーブの作業が減る分、ワインビュッフェのカウンターでお客さんとワインについていろいろな会話ができ、コミュニケーションの場ができるので、結果的に店のファンが増える。**

など、居酒屋飲み放題のような騒々しさとはまったく異なる、ワインビュッフェならではのメリットがたくさんあり、とても参考になるものでした。

実際、私がプロデュースしたお店の社長が2号店目でワインビュッフェをコンセプトにしたバルをオープンし、早い段階で地域の繁盛店になっています。

やるからにはケチらず豪快に取り組んだほうがいいでしょう。原価調整は後からついてくる、ぐらいのつもりで。ワインを日本酒に置き換えてみるのもアイデアとしていいでしょう。

❶わかりやすさ……お得感を簡単に伝えることができる
❷あなたらしさ……ワインと洋風料理を気軽に味わうお店
❸ライヴ感……お客さんがワイン選びを自ら動いて楽しむ

100種類のワインが飲み放題の横浜「レアーレ十日市場店」。お客さんも楽しく、注文を受ける手間が減るので店側は人件費を削減できる

9 スイーツビュッフェ

都市部より、地方や田舎のほうでより効果を発揮するのが「スイーツビュッフェ」です。

雪国の田舎町では冬場は本当に閑散としてお客さんが来ません。そんな中でも、忘年会以外で唯一、集客に効果があったのがこのスイーツビュッフェ。

これも手作りにこだわり、ケチってはいけません。スイーツ好きのお客さんは甘いもの方面に舌が肥えている人が多いので、本物か偽物かを敏感に見分けます。

まずは高級感のあるスイーツを食べ放題メニューとして提供して、とにかくお客さんにお得感を演出する。そしてリピートしてもらう過程で、こちらも利益を出していく。このスタンスで行きましょう。

あとは「お食事される方限定」とか、「お1人様、食事メニュー1オーダー以上いただいております」など、無理のない条件をつけておけば、極端に単価も下がらずに、店もお客さんも両方が利する結果がつくれます。

私も今までいろいろメニューにトライしてきましたが、お客さんだけが得することばかりを優先したメニューづくりは長続きしないので成功しません。意味のない極端な低価格設定などは、悪い例の典型です。自分たちがつくっているものに自信があるなら、値段に関係なく、お客さんはついてきます。

お客さんと自分と運営会社、３者がそれぞれ喜ぶ成果をまず考える。そのスタンスが継続する成功を導きます。

会員様限定とか、アンケートを書いてくれる方限定など、お客さんから情報を提供してもらうことを前提にするのもよいでしょう。

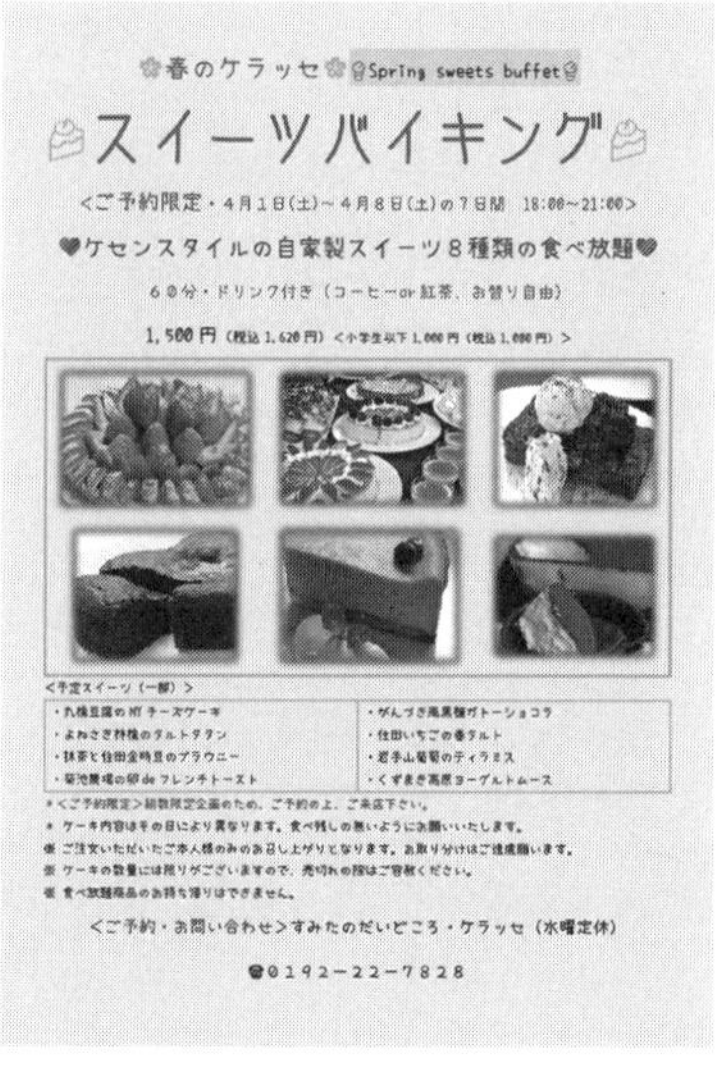

「すみたのだいどころ・ケラッセ」のスイーツビュッフェの案内チラシ。魚バルの業務形態でも、スイーツビュッフェの需要は高い

❶わかりやすさ……スイーツは老若男女、需要が高い
❷あなたらしさ……自分のお店に合った、手づくりデザートを中心に提供
❸ライヴ感……お客さんが最終調理する、ワッフルやソフトクリームも人気

⑩ ダンスライブ・生演奏

以前、私が経営していた店近くのスペイン料理店で、毎週フラメンコのダンスライブを開催していました。次第に常連客も増えていき、コミュニティが育っていくのを横目で見ていて、妙に納得してしまった記憶があります。

この場合、ダンスというイベントもメニューのひとつだと考えられます。店にお客さんを引き寄せる効果がある要素は、それだけで特別なメニューになるのです。

ライブには来ないお客さんにも「ダンスライブを開催する珍しい店」というイメージで覚えてもらえるようになります。

たとえば、ダンス教室の先生や生徒さんたちが発表の場を兼ねて、レストランでダンスイベントを開催。そこで食事会や飲み会を併せて開くことになれば、先生・生徒・観客・店がつながり、新しいコミュニティが生まれる。

こうしたつながりが店にできると、ファンコミュニティが生まれるということで、経営が安定するようになります。

前述した結婚式二次会や料理教室とも少し異なる業態ですが、こうした料理そのものから少し視点をずらした方法も十分有効な手段です。あなたも、ダンス以外のジャンルでいいので、コミュニティが生まれる仕掛けを考えてみてください。

業態別に例を挙げると、

・スペイン料理店……フラメンコ
・青森料理……三味線ライヴ
・バー……ジャズ演奏
・カフェ……アコースティックライヴ

と、いくらでも考えられます。あなたの好きなことでよいのです（好きなことでなければ、長続きしないはずですから）。

自分が動かずとも、驚くほど簡単にコミュニティができる方法があるはずです。

❶わかりやすさ……ライヴの楽しそうな光景が伝わる

❷あなたらしさ……お店の特徴を増幅させるライヴ
❸ライヴ感……そのまま！

⑪ 食パン専門店

私の会社のグループで展開している食パン専門店があります。おかげさまで長い行列が絶えない繁盛店で、飲食店だけでは考えられないほどの売上を出しています。売る商品はほぼ1つだけ。食パンのみです。究極の「わかりやすさ」です。

ここで見逃せないのが、食パンという〝日常食〟を売っているということ。いつ食べても飽きない味で、毎日の食卓にあると嬉しい、お客さんがリピートして買いやすい商品であるということです。

話題になって最初は行列ができてもすぐに衰退してしまうお店の商品は、一度食べただけで満足されてしまって、リピートされずに終わってしまう確率が高いのです。つまり、〝日常食〟になり得ていないのです。

以前、連日大勢の行列ができることで話題になった「クリスピークリームドーナツ」を覚えているでしょうか。抜群においしくてインパクトがある。でも毎日食べたいと思えるメニューではないので、一度食べることができたらしばらくは必要なくなってしまう。結果、最盛期には全国で60店以上あったクリスピークリームドーナツの店舗は、次々と閉じていきました。短期集中型で売るメニューならいいですが、継続的に繁盛させようと思ったら、こうした特殊なメニューは不利なのです。

地方で長年愛されている店も定食屋やラーメン屋など、住民の日常生活に密着した〝飽きない味〟の業態・お店が多いです。単一商品で勝負する究極の「わかりやすさ」、これは運営側のスタッフにとってもわかりやすいということなので、どんな人材も即戦力にしやすく、強い武器と言えます。

もちろん商品力や戦略は必要ですが自慢のメニュー、ダントツに売れているメニューがある方は、そこから〝飽きない味〟をイメージしてみてください。

今話題の女性経営者、国産牛ステーキ専門店「佰食屋」代表・中村朱美さんの著書『売上を、減らそう。』(ライツ社)も、新しい時代の店舗経営術として非常に希望が持てる内容なので、参考にしていただきたいと思います。

❶わかりやすさ……食パンのみ、という究極のわかりやすさ
❷あなたらしさ……日常食で「飽きない味」という強み
❸ライヴ感……店で作りたて、という新鮮味

⑫ から揚げ100円食べ放題

前述の通り食べ放題やバイキング、ビュッフェ形式のメニューは、一昔前に比べるとだいぶ需要や欲求が少なくなってきた感はありますが、依然としてキャッチーなフレーズではあります。

豪華な朝食ビュッフェで話題のホテルや、本場イタリア産の生ハム食べ放題で集客しているバルも記憶に新しいですね。

ランチタイム限定ですが、私が岩手で手掛けた店や新宿の店でもサラダバーやドリンクバーを取り入れ、継続してうまく集客につなげることができています。

ここで食べ放題の経験のない経営者の方は、「食べ放題なんかやったら原価コストがかかっ

て大変じゃない？」と思うでしょう。その通り、何の計算もなく食べ放題や飲み放題に手を出すのは無謀の一言に尽きます。

ですが、ここで浪費される原価コストは、別の形で回収できることを考えてみてください。

例えば、サラダバーを継続できる理由は、お客さんがセルフで動いてくれるので、フロアーにいる店員の人数を少なくすることができて、それだけで人件費を抑えられます。また客層として中高年層や時間のないサラリーマンやＯＬが多いので、それほど大量にメニューが消費されない、ということもあります。

メニューを考えるときに必要なのは、料理そのものにかかる原価を考えるより、「原価がかかってしまったら、その分をどこで調整するか？」を重視することです。地方や田舎で飲食店を回していく際には、この考え方が特に重要になります。地方や田舎では都市部と比べて、家賃や販促費を安く抑えることができます。その分を原価に投じてお得感を出すことも可能です。

東京神田のオフィス街、テレビなどでも取り上げられた〝から揚げ１００円食べ放題〟で有名な「有頂天酒場」は、この話題性を売りにして多くの集客を達成することができた稀有なケースです。

安いばかりでクオリティの低い食べ放題にならないように、熟練のスタッフがお客さんとうまくコミュニケーションしながらから揚げを提供、さらに一緒に原価の低いハイボールとのセットメニューを前面に出すことで、当初の予想をはるかに超えた売上を達成できたそうです。

ダントツの売上を上げることで家賃などの固定費率も下がるので、数字の上では原価率が高くても充分、経営が成り立つわけです。スイーツビュッフェやワインビュッフェも同じカテゴリーですが、唐揚げ食べ放題のほうがより自由度が高いといえるでしょう。

アッと驚く圧倒的な食べ放題企画でお客さんの気持ちをつかみ、まず来店してもらう。それから、お客さんの満足度を落とさないように原価調整していく。この心構えでいきましょう。最初からケチってしまうと、すべてが中途半端になります。

ひとつ、面白いデータがあります。ある商業施設内のアジア料理の店が3年連続で売上が前年割れしてしまい、突破口として唐揚げ無料食べ放題企画を開始しました。想定は1人につき5～6個販売で、1個あたりの原価は70円、月間で30万円はコストがかかる。さらにテナントのルールで「唐揚げ無料食べ放題」と告知するのは店内ＰＯＰに限定され、店の外側の壁にポスターやチラシを張り出してはいけない。

これでやってみたところ、それまで前年比94%の客数だったのが100%超えになりました。ところが売上げは97%で、赤字に。微妙な数字でしたが、店内POPだけで客が増えたのは確かなので、そのまま継続。結果的に4ヵ月かかって、客数前年比110%の売上げで103%程度の黒字になり、さらにから揚げを2倍の大きさにしてみたら客数が急に増えて、客数118%・売上げ112%・利益は月100万円を超えました。

いかがでしょうか？　店を繁盛させるためには冷静な計算力と我慢して継続する忍耐力が大事だということです。

神田「有頂天酒場」の"から揚げ100円食べ放題"はそのお得感に思わず興味を惹かれるフレーズ。ハイボールを一緒にお勧めする事で、原価も調整している

❶わかりやすさ……から揚げ・100円・食べ放題、というキャッチーなフレーズ
❷あなたらしさ……オフィス街の立地を生かし、サラリーマンとのコミュニケーションを取る
❸ライヴ感……から揚げの迫力とお客さんとのやり取りから生まれる活気

⑬ 500円ピザ

「本格窯焼きピザ20種類がALL500円！」

「アラカルトメニュー・アルコールドリンクも500円！」

「ワインボトル70種類は1900円！」

これだけでお得感が満載で、行ってみたくなりますよね。

こうした売り文句でピザ業界に革命を起こしたともいわれる〝500円ピザ〟のイタリアン&ワインバー「CONA」は、今は多店舗化・フランチャイズ化して全国に約50店舗を構えるチェーン店に急成長、より多くのお客さんに支持されています。

「CONA」を真似して低価格設定のイタリアンをやろう！　というのもひとつの手ですが、ここでお話ししたいのは、

「ALL500円=ワンコイン」


という、キャッチーでお得感があるフレーズです。

いろんなピザが500円で楽しめると聞くと、安くてお得感があると思いませんか？

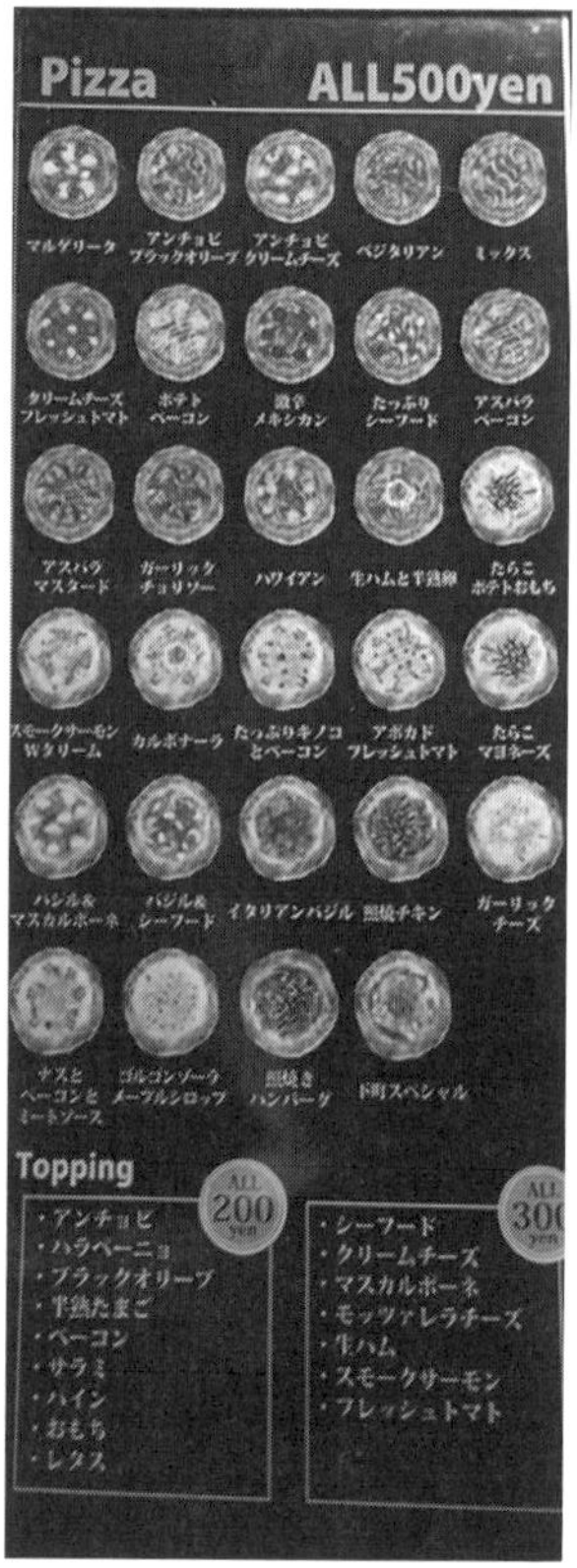

500円のお得感と豊富なピザの種類に、思わず入店したくなる「CONA」の看板

これより安くして４００円にしたり、少し高くして６００円にする選択肢もありますが、すべて５００円玉１枚でＯＫ、と統一してしまったほうが、お客さんは選びやすくて楽しいのです。「わかりやすさ」の極致、ともいえるでしょう。

中には原価の高いものも低いものもあるのですが、これも営業しながら、最終的に目標の原価に収まるように、メニューの見せ方を変えたりして調整していけば良いのです。

特にメニューの入口である前菜やタパスなどの部分は「ＡＬＬ３８０円」「ＡＬＬ５００円」などのお得感がある価格設定にしておくと、お客さんにも安心して、注文してもらえます。**「ＡＬＬ○○円！」は、繁盛店にするために活用してほしいフレーズです。**

❶わかりやすさ……500円均一でお得感を伝える
❷あなたらしさ……この値段でこの品質・豊富な種類と他のメニューも充実！
❸ライヴ感……窯焼きピザで店内に香る芳ばしさ

⑭ 宴会・送迎

前章で田舎や地方での飲食店経営の必須ポイントとして説明した宴会・送迎。それで地方で成功している例をご紹介したいと思います。

茨城県古河市の株式会社「丘里」が運営する店舗は宴会メニューの内容や女将さんシステム、送迎やフェアメニューなど、どの部分をとっても魅力的で、多くの学びがあります。

地方都市で、しかも比較的大型の店舗展開で成功されている例として。私も岩手時代に集客で悩んだとき、「丘里」の中村康彦社長の著書（『それは「人材革命」から始まった私の飲食店実践繁盛学』／旭屋出版）でずいぶん勉強させてもらいました。その戦いの歴史には、同じ業界の人間として、とても共感できます。

丘里グループは売り上げの60％以上が宴会で、それに合わせた〝女将さん〟の徹底したおもてなしと販促サービスで1年間に40万人以上のお客様を集めています。

ここまで徹底した経営は初心者には難しいかもしれませんが、丘里グループの経営法をいろんな角度から見てみれば、きっと改善策が見つかるはずです。

❶わかりやすさ……会合・宴会を送迎付きで和食を楽しむ提案
❷あなたらしさ……旬の食材とオリジナルメニューも入ったメニューと女将制度
❸ライヴ感・……さまざまな器を使った演出と立体感ある花籠

⑮ ローストビーフ丼・ステーキ丼

ローストビーフ丼で有名な東京・高田馬場の「レッドロック」。お店の名前を聞いただけでヨダレが出てきてしまう繁盛店です。

ここでも言いたいのは、ローストビーフ丼やステーキ丼は、需要が多い食材であるということです。店によって工夫の違いはありますが、あまり際立って特別な差があるわけではなく、どのような形態であっても万人を惹きつける力が均等にあるということです。

自分の店に合いそうだなと思ったら導入を検討してほしいメニューですが、もちろん「流行っているから取り入れる」だけでは失敗に終わりかねないので、改めて以下のことを考えてみてください。

・導入に当たって、他のメニューは大幅に減らせるか？
・「なぜこのメニュー？」というストーリーが明確にあり、それをお客さんに納得してもらえるか？
・盛り付けでライヴ感や迫力を演出できるか（どこまで原価をかけて、他の経費を減らせるか）？

この3つのポイントに従って考えてみてください。

例えば、和食業態であれば、「ステーキ重」にすればご年配のお客さんも注文しやすいですよね。

注文数が少ない肉料理を減らし、特徴を出すために低温調理でキレイなミディアムレアに仕上げ、「低温熟成牛ステーキ重」として売り出す。高級なブランド牛を使わなくても、その調理過程やお米・調味料・お店の歴史などを物語にして伝えれば、魅力とおいしさは倍増します。

お重にするだけで、蓋を開けるときのちょっとした動作が楽しさになって伝わります。柚子の皮などで柑橘系の香りの演出をするのも良いですね。

❶わかりやすさ……誰もが好きなステーキ・気軽で食べやすい丼

そのビジュアルに引き込まれて来店したくなるレベルまで、作りこまれているローストビーフ丼

スタイル
❷あなたらしさ……専門店化することで、わかりやすさと自分らしさを確立
❸ライヴ感……山のような盛り付けで立体感・温泉卵やクリームでシズル感を出す

⑯白いとんかつ

東京・高田馬場にあった「とんかつ成蔵」（現在は移転）をはじめ、常識を覆した白いとんかつ店が一時期、人気となりました。豚はもちろん、温度や油・パン粉などすべてにこだわり、感動の味に仕上げています。

とんかつも老若男女・外国人にも愛される定番のメニュー。そこにオリジナリティーを加えて看板メニューにしたり、専門店化して成功しているお店も多いです。

「低温調理で仕込む」「ブランド豚を使う」「ミルフィーユ状の重ねカツにする」「カツサンドにする」「お弁当用のテイクアウト商品にする」、さらにカツカレーやかつ丼など、非常に応用範囲が広い一品です。

私が岩手県住田町でプロデュースしているカツサンドのメニュー「ヴィレッジポーク・サンドイッチ」は、地元のおいしい四元豚のミルフィーユカツと食パン専門店のパンにこだわって、「1日限定30食」「賞味期限30分」を売りに、単一商品で勝負しています。豚肉の直売所や道の駅で販売しているので、人件費は固定のまま、その分原価をかけておいしいカツサンドを提供しています。

誰でもわかりやすい「カツサンド」というメニューなので、子供からお年寄りまで親しみやすいのです。数量を限定することで、スタッフに苦労をかけさせず、お客さんにも「なかなか食べられないカツサンド」というブランドをお届けすることで、食べたときの「心の豊かさ」を与え、地元の皆さんにも「周りに誇れる逸品」を提供できていると思います。

このように、とんかつを武器にすることも、業種を問わず気軽にスタートできるメニューづくりのひとつです。

❶わかりやすさ……馴染み深いメニュー、カツサンド
❷あなた……地元のブランド豚・ミルフィーユカツ・専門店の食パン
❸ライヴ感……できたてのみを数量限定で提供

山間部の道の駅や人口6000人以下の町でも売れ続ける、「ヴィレッジポーク・サンドイッチ」のカツサンドのチラシ。意図的に出数をコントロールすることで、品質とブランドを維持

⑰ ドライアイス

「俺の魚を食ってみろ！」という、すごい店名のお店が東京・神田にあります。

わかりやすいインパクトのある店名も参考にさせてもらいたい部分ですが、こちらは「鮮魚」という自社の強みを活かし、目玉商品である「玉手箱」という刺し盛りに、お店の個性すべてを集約させていることが成功の秘訣になっています。

ほぼすべてのお客さんが注文する豪華な刺し盛り「玉手箱」は、ドライアイスの演出により、その品名の通りのファンタジー感が盛り立てられ、連日歓声を呼び起こしています。

鮮魚を売りにしている店は多いし、品質では負けない！　というところも多いでしょうが、**やはり一度行って見たいと思ってしまうのは、こういう一点豪華主義のメニューを売りにしているお店です。**

ドライアイスの演出は知ってしまえば「コロンブスの卵」みたいなもので、何ということもない簡単なアレンジに思えますが、最初にこのアイデアにたどり着くまでには紆余曲折あったでしょうし、魚料理に精通している人でもなかなか思いつかないメニューだと思います。

ドライアイスの演出で「夏の冷製ちゃんこ鍋」を提供しているちゃんこ屋さん『どすこい酒場・玉海力』のPR動画なども参考になります。夏場に限らず、看板メニューが冷たい料理ならドライアイスの演出も検討の余地ありでしょう。

ドライアイスは氷屋さんで簡単に購入できますし、スーパーでドライアイスマシンを置いてあるところも多いので、定期購入を交渉してみるのも良いと思います。

刺身+ドライアイス。重箱に忍ばせたドライアイスが特徴的な楽しさを提供している

❶わかりやすさ……お刺身という注文率が高いメニューを軸にする
❷あなたらしさ……鮮魚専門店・重箱の使用・オリジナルのネーミング
❸ライヴ感……ドライアイスの演出

⑱ ローティサリーチキン

骨付きチキンや丸鶏・鶏肉を看板メニューにしたお店も増えてきました。原価率が低くて人気がある食材なので、商売が成り立ちやすいのです。「○○鶏」と銘柄がついているとブランド感もあり、メニューの応用範囲も広いですね。

丸鶏を使ったローティサリーチキンは演出効果も抜群で、テイクアウトの売上もプラスできるので、おススメのメニューです。東京・新橋に本店を構える「クイーン・オブ・チキン」はロティサリーチキンを看板メニューにした繁盛バルで、その他のメニューや企画力も非常に学ぶところが大きいお店。骨付きチキンは安い外国産冷凍丸鶏を使っても、骨から旨みが出るので、充分においしく仕上がります。

わざわざローティサリーマシンを購入しなくても、ローストチキンを店頭に並べておく演出や、ダッチオーブンなどの鉄器で焼いて提供したりなどの工夫で、コストをかけないでスタートすることができます。

焼いて余ったチキンをサラダやサンドイッチ、パテやパスタに活用したり、鶏ガラでスープをとったりなど、無駄なく使えます。

オーブンがない店でも、フライヤーにドクターフライ（多機能分子調理器）を導入して、骨付き鶏の素揚げにするだけで、ジューシーでインパクトのあるメニューになります。ドクターフライはこれからの飲食店には必須になるでしょう。手軽に導入できるので、いくつかある正規代理店からレンタルしてみてください。

原価も安く、応用範囲も広い、演出効果抜群の丸鶏・ロティサリーチキン。クリスマスやイベント時にも大活躍です。

店頭でロティサリーの調理風景が見えるように設置することで、興味・食欲をそそる演出

❶わかりやすさ……丸鶏を使用し、ビジュアル的にもインパクト大
❷あなたらしさ……和風・洋風、メニューや味付けにアレンジを加えて特徴を付ける
❸ライヴ感……視覚はもちろん、手を使って骨付き肉を喰らう、という触覚も刺激する

⑲ カルパッチョ

ドライアイスの項で紹介した刺身盛り合わせもそうですが、お客さんがまず最初に注文するメニューがありますね。居酒屋では刺身盛り合わせや枝豆ですが、私が経営する「三陸ワイン食堂　ケラッセ東京」ではカルパッチョがそれにあたります。

三陸鮮魚7種の下には、7種のマリネ野菜が盛られています。使用するのは、70cmの長いお皿。お皿の種類を変えたり、盛り付けを工夫するだけで看板メニューになっています。

実際、お刺身やカルパッチョを看板メニューにしている店は多いです。それだけ前菜的な一品として使い勝手がいいということですね。

お刺身で有名なのが、新橋に本店を構える「魚金」グループ。大迫力・最強コスパを売りにした刺し盛りで、多くのお客さんを笑顔にしています。

洋食系のお店なら、牛肉や赤身肉のカルパッチョでも良いでしょう。

ポイントは「ほとんどのお客さんが、最初に注文しやすいメニュー」を選ぶことです。

メニュー表は、料理の羅列にするのではなく、キチンと看板メニュー（注文してほしいメニュー）を、いちばん目につきやすい場所に写真付きでアピールしてください。

そして「食べなくてはいけない理由」「食べると得する理由」も説明・記載すること。ただ、闇雲に「おススメ！」と押し付けても説得力がありません。

❶わかりやすさ……最初に注文しやすい定番メニュー

❷あなたらしさ……三陸産の鮮魚を7種類、長方形の器にマリネ野菜と共に盛り付ける

❸ライヴ感……彩り豊かなビジュアル＋一部の炙り（シメサバなど）の要素を加える

「ケラッセ東京」のカルパッチョ7種盛り。特別な調理が必要ないお刺身・カルパッチョは看板メニュー化しやすい好例

⑳ ウニ

東京・新宿に「海栗屋（うにや）」という雲丹専門店があります。病みつき食材の代表格・ウニ。牡蠣と同じく、食材自体が業態になっている好例です。ウニは高単価が期待できますし、応用できるメニューも多いですね。お造り・寿司はもちろん、「海栗屋」のように「雲丹しゃぶ」を売りにしたり。和食店の「ウニの茶碗蒸し」はもはや定番といってもいいくらいです。

洋食系のお店なら「ウニのコロッケ」「ウニのブルスケッタ」「ウニのクリームパスタ」、どれも必ず人気が出るメニューです。私が関わっているどの店でもウニのパスタはメニューに入れますが、注文率が高いロングセラーメニューです。普通は店が変わると同じ業態でも人気メニューのランキングは変わるものですが、ウニパスタは例外的に売れ続けています。

和洋問わずに、すぐに提供できて人気なのが牛ウニ寿司。牛肉をネタに、生ウニをのせるだけ。あとは炙りの演出をしたり、手毬寿司にしたり、お塩で食べていただいたり、牛肉にこだわったり、アレンジフリーです。それだけウニの支持率が高いということですね。

病みつき食材＜ウニ＞×定番メニュー＜クリームパスタや寿司＞は掛け算で魅力が倍増する

殻付きの生ウニは少しハードルが高いかもしれませんが、チリ産の冷凍・生ウニでも充分な病みつきインパクトがあります。

❶わかりやすさ……定番メニューの茶碗蒸し＋病みつき食材・ウニ
❷自分らしさ……和食店では旬の具材と共に、洋食店ならウニのフランにしても◎
❸ライヴ感……蓋を空けて立ち上る湯気と香るウニ、トロトロの食感

第4章

繁盛店を作り出す 調理以外の5割の法則

～3つの簡単な情報発信で売上を1・5倍に上げる方法～

外食とは〝食事を媒介にした他者とのコミュニケーション〟

繁盛店を生み出すためのメニューの考え方と具体的な事例をお話したところで、もう一度話を整理しましょう。

第1章でお話したように、飲食店を流行らせるための作業で大きな位置を占めるのは〝きっかけづくり〟です。

ここで改めて、根本的な質問をします。あなたの仕事は何ですか？

料理人でしょうか、接客業でしょうか？

トータルでお客さんに喜んでいただくことでしょうか？

料理や接客でお客さんに喜んでもらうことなら、ほとんどの飲食店が実現できていることです。多くのお店がおいしいメニューと良いサービスを提供しています。

ではなぜ、同じ立地・同じクオリティーなのに、忙しい店と暇な店ができてしまうのでしょうか？

答えは料理や接客と同等に必要な〝きっかけづくり〟に成功しているか失敗しているか、その違いにあります。

仮にあなたが料理人の立場であるとしましょう。そのうち仕込みから調理、盛り付けに至る、誰もが考える〝料理人の仕事〟にあたるものは、実はあなたの仕事の50％にすぎません。残りの50％は前章でご紹介したような、お客さんが来店する理由になるようなメニューを考え、つくることです。

仮にあなたが接客業の立場であるとしましょう。そのうち接客やお店に関する雑務諸々があなたの仕事で占める割合も50％です。残りの50％は、お客さんが来店する理由を伝えてあげることです。

つまり、飲食店を繁盛させるためにあなたが行う仕事の半分は、お客さんがお店に来るための〝きっかけづくり〟なのです。

もちろん、おいしい食事と行き届いたサービスを提供することは大切です。ただ、それだけなら、どこのお店でもやっていること。お客さんを集めたいと思ったら、料理やサービスとは別のカテゴリになる販促活動が必要になってくるということです。

お客さんたちは料理を食べに来たり、お酒を飲みに来たりするためだけに来店するわけではありません。**食事を通して、他人とのコミュニケーションを取りに店にやってくるのです。**

たまに来るお店なら思い出づくりに来たり、自分へのご褒美として来たり、オフィス街の居酒屋なら仕事帰りの愚痴を漏らしに来たり。タイプは人それぞれ違いますが、根本にあるのは、「食事を通して人と触れ合う場を持ちたい」という気持ちです。

家族、カップル、友達など関係性はまちまちですが、複数の相手と一緒にご飯を食べに外食に行くのはコミュニケーションの基本です。おひとりさまメインの定食屋やラーメン屋などはその要素は小さくなりますが、それでも店の人とのコミュニケーションは存在します。

つまり、「飲食店」＝〝食事を媒介にしたコミュニケーションの場〟ということなのです。そうした楽しい時間と空間を提供するために、あなたのお店はあるのです。

そのための〝シンプル〟で〝圧倒的〟なきっかけを与えてあげる、これが店を繁盛させるための最優先事項です。

「○○の店」と認識されるための情報発信

「○○を食べたいと思ったら、あのお店」と認識されることは、調理技術や能力、おいしさと同等に大事なことです。


「彼女と休日の昼にラーメン食べるなら、あの担々麺屋さん」

「仕事帰りに、同僚と飲むならあのワインのお店」

「家族と記念日にいくならあの広い店」

「今度の休みは食べログで、皆が集まりやすい□□エリアで」

……あなた自身がお客さんの立場になって外食に行くときも、そんな感じでお店を決めていませんか？


おいしいメニューを出す技術や能力は、長くやっていれば自然に身に付きます。店が繁盛するために必要なのは、あなたの店が「○○の店」だと認識されることです。

誰もが知っている流行りのメニューに手を出して、結果的に数年で人気が廃れて店を畳むようになるくらいなら、自分の特性をよく理解して店の個性をはっきり打ち出して、その商圏でナンバーワンになるポジショニングを重視したほうがいいのです。

「うまい！」だけではお客さんは来ません。

おいしさだけ追求しても、残念ながら結果はついていきません。

お客さんにどう認識されたいのか？　まずはそこを見極めることです。

「〇〇といえばあの店だよね！」と、お客さん自身があなたのお店で楽しむ光景がはっきりと想像できること。イメージトレーニングのつもりで、その場面を思い浮かべてください。すべてはそこから始まります。

どういうときに自分の店が選ばれているのか、お客さんの様子を観察してみたり、常連さんに聞いてみたりして、探ってみてください。

あなた自身が気づいていない、自店の特徴が浮かび上がるはずです。

自分の店のキーワードを知ろう

もちろん、あなたのお店がお客さんに選ばれる理由はひとつではありません。来店理由は多種多様でしょう。そして、来店したのは〝味〟以外の理由であることがほとんどなのです。

お客さん自身があなたの店で楽しむ光景がはっきりと想像できることが重要。**そのためには、来店理由を絞り込み、そこから見えてくるお客さんのニーズに見合った情報発信のみを続けてください。**

例えば、お客さんが「駅から一番近いワインのお店だから」「お肉メインで食べられるから」「雰囲気も良さそうだから」という理由で来店しているとします。ならば、その3点を強調して、「駅近」「肉バル」「広々としたお洒落な空間」を3つのキーワードとして情報発信するようにします。

駅から近いから、お客さんにとっては行きやすいメリットがある。他のお店と比べて、美味しいお肉とワインを味わえるメリットがある。快適な空間で時間を過ごせるメリットがある。

来店理由から導き出されたキーワードは、お客さんにとってのメリット（お得ポイント）になっているはずです。

お客さんは得をするから、来店します。来る理由（得）がない店には来店しない。そして、知らない店には来店しない。

だから、得をする来店理由（売りメニュー＋他の要素）を知らせてあげればよい、というわけです。お客さんがどういう風に得をするかというのがメインなので、「あれもいい、これもいい」ではなく、食材を絞って宣伝していけばいいのです。

実際の現場にはいろんな食材があるので、できるだけ多くのメニューをおすすめしてしまいたくなる気持ちもわかります。マグロもあればサンマもあり、牡蠣もあれば鮑もある。その全部がおいしいと思っているから、とにかくメニューにはずらりと並べたい。その一方で、お客さんには「あそこはマグロがおいしい店」だと思われている。

だったら、自慢のメニューをただずらりと並べて宣伝するのではなく、マグロを扱ったメニューだけに特化して情報発信すべきなのです。

「うちは何でもおいしいお店」と言っているだけではお客さんは来ません。「うちは○○がおいしいお店」とテーマを明確化することによって、初めてお客さんは来るのです。

効果的な情報発信のプロセスをまとめると、以下のようになります。

❶ 自分の店のキーワードを知る

どのメニューがお客さんに受け入れられているか明確にしましょう。

❷ 売れる商品の条件・3つのポイントを押さえる

❶で押さえたキーワードが前章で解説している「わかりやすさ」「あなたらしさ」「ライブ感」にマッチしているか、それを確認しましょう（マッチしていなかったら、他に人気のあるメニューを新しいキーワードにします）。

❸ キーワードと3つのポイントにフォーカスして、メニューと一緒に〝お客さんの体験ストーリー〟をつくる

後述しますが〝お客さんの体験ストーリー〟とは、お客さんが店の情報を得て、実際に来店して食事を楽しんで帰宅するまでの一連の流れのことです。どのように自分の店が認知されて、何を食べてもらって、満足して帰ってもらうのか、というストーリーをイメージしましょう。

❹ キーワードに絞った情報発信を続ける

❶〜❸のプロセスを踏まえて、自分が押さえたキーワードに絞った情報を発信するようにしましょう。

3つのメディアを活用してメッセージを発信

具体的な情報発信については、以下の3つのメディアを活用することをおすすめします。

❶店舗
❷SNS（ソーシャルネットワーキングサービス）
❸Webサイト（ホームページ、グルメサイト）

この3つのメディアで一貫したメッセージを発信します。ここでいうメッセージとは、「なぜお客さんは店に来ないといけないのか」という動機づけに紐づけられる情報のことです。

お客さんが体験するストーリーの一連の流れの中で、具体的にどんなメニューがあってどんな店の雰囲気なのかということを具体的に明示してあげたほうが、お客さんも実際にどんな食事を楽しめるのかイメージしやすくなります。そうしたわかりやすい情報を、各メディアを使って効果的に発信していくのです。
それぞれの事例について解説します。

情報発信メディア❶店舗

店頭や店内に置く情報発信ツールは、店舗営業の基本中の基本です。具体的に以下の3点のツールに集約されます。

〈看板〉

看板とは、店の名前やキャッチフレーズが大きく描かれた店頭看板はもちろん、いわゆる「ファザード」と呼ばれる店舗の正面外観まで全部ひっくるめた、〝店の顔〟にあたるもの全体のことだと考えてください。

この看板にある情報を見ただけで、前を通りかかった人が「いったい何の店なのか」を3秒で把握できるようにしておくことが重要です。

店名とキャッチフレーズと正面外観だけでも、間違えずにやればちゃんと伝わります。私の店の場合は、「三陸オイスター&キッチン　ワイン食堂　ケラッセ東京」とだけ看板に載せていますが、これだけで「魚とワインの店」というの情報は伝わると思います。

そのうえで、「どういう雰囲気で」「何か飲食できて」「どれくらいの予算なのか」を、ボードに明記して入り口の脇などに掲げておけば、より詳細な情報が伝わります。具体的にどんなメニューがあり、その日はどんなものがおススメで、値段はいくらくらいなのか、きちんと書きだして表に出しましょう。

要は店の顔になる部分には、常に店のいちばん見せたいものを出しましょうということです。偶然通りがかっただけで店に吸い込まれてしまいそうな、魅力的な表情を看板に出すことを心がけましょう。

ただし、これも立地によって影響される部分があり、たとえばビル内の奥まったところにある店は看板だけでは勝負しにくいこともあるでしょう。そういう場合はビルの入り口にメニューボードなどを出して、「このビル2Fの奥です」などとアクセスの導線をしっかりと明記したり、外を歩いている人にできる限りの情報を出しておきましょう。路面店の場合は、夜でも目立つように照明を明るくしておくことも重要です。

ワイン食堂
ケラッセ東京
kerasse Tokyo
雄勝直送・一年中、生牡蠣！1pc 350
牡蠣のハーブ・アヒージョ 1200
牡蠣のウニクリーム焼き 1pc 600
<先ずはこれ！一番人気♪>カルパッチョ7種盛り合わせ 1500/2500
三陸フィッシュ&チップス 500/900
ケラッセの牡蠣フライサンド 1280
【岩手県花巻市・亀ケ森醸造所】
無濾過シードル グラス 600
三陸鮮魚のなめろう・タルタル 500/900
大船渡港チョッピーノ 980/1600
産直野菜グラナパダーノ仕立て 780
登米市・日高見牛のステーキ 2000
南部鉄器フォカッチャ～南部小麦で～
丸檎豆腐のチーズケーキ 500
たっぷり生ウニのクリームパスタ 1500
～三陸の牡蠣 & 亀ケ森シードル・樽生スパークリングワイン～

「ケラッセ東京」のポスターパネル。これをLED看板として店頭に設置する

〈メニューブック〉

リピーター獲得に向けて、満足度の高い人気のメニューをトップに大々的にアピールしましょう。トップとは〝目に入りやすいところ〟という意味です。**つまり、定番の料理を、メニューブックを開いてパッと目に入りやすいところに書いておく。**

おつまみや前菜など軽いものから食後のデザートまでを順々に並べていくのではなくて、自分たちの店が売りにしているものとか、お客さんに人気のものをメニューの最初にもってくる。前菜から副菜、メインディッシュ、最後にデザートやドリンク、という並べ方はどのお店でもやりがちですが、これだと単なるメニューの羅列になってしまい、お客さんに伝えたいことも伝わらないのです。ですから、食べてもらいたいメニューはなるべくメニューブックの前のほうに、目立つように提示するようにしましょう。

もうひとつ、お願いしたいのはメニュー数をなるべく少なくする、ということです。

「メニュー数が多いのがうちの店の売り！」とテーマを特化させているのなら別ですが、中途半端にたくさんメニューがあっても、作り手は集中力が分散してしまうし、お客さんもどれを注文すべきかわからず、結局店側が食べてほしいメニューはスルーされて、店を出るときには何も記憶に残らず、リピートされることもなしで終わってしまいます。

具体的なメニューの作り方については後述しますが、「看板メニュー＝1：おススメのメニュー＝3」くらいの比率で、全メニューの数がトータルの客席数を超えないようにしましょう。看板メニューとおススメのメニューに季節メニューやサイドメニューを加えれば、だいたい30品くらい。客席数が30席くらいの店であれば、これぐらいで十分です。

マーケティングや経営戦略の言葉で「ＡＢＣ分析」というのがあり、ざっくりいうと商品の価値は単に売上だけではなく重要度によって分類されるべき、という考え方なのですが、メニューの考え方もこれと同じで、注文される回数が多いメニューほどお客さんの満足度が高いのかと言われたら、そうとも限りません。「名前を知っているメニューだから頼んだ」というだけのこともありますし、単に注文しやすいからというだけで人気がある場合もあります。

ですから、勇気をもって、メニュー数は自信のあるものだけに限定してください。これだけで店の特徴ははっきりと打ち出せます。

なくしたメニューは、あとで裏メニューとして提供してもいいですし、リクエストが多いようなら「復刻版」として再登場させればいいだけです。あなたの自信（看板メニュー）を伝えて、お客さんに感動してもらう。それが店の明日の活力につながります。

〈チラシ〉

店舗での情報発信は、実際にお客さんが感じる雰囲気にも直結するので、重要なスタート部分。「また来たい！」「次回はこれ食べたい！」と、リピートにつながる提案や仕掛けとして、お客さんが気軽に持っていきやすいチラシやパンフレットなどを店内や入り口に常置するようにしましょう。

店内であればレジの脇、店外であれば看板の背の部分などに大きめのポケットをつけて、そこにチラシを入れるようにしておく。**お客さんが気軽にもっていける状態にしておくことが重要です。**

「チラシは手書き風のほうがアットホームな感じがして良い」という意見も多いのですが、見やすくてわかりやすいことを優先するなら、ちゃんとデザインされた上で印刷されたチラシのほうがいいでしょう。

これはお店の規模やスタイルにもよるもので、たとえば夫婦が2人っきりで回しているような小さな店なら手書き風のほうが効果的、何人ものスタッフを抱える店なら正統派のデザインされたものがいいでしょう。これもお店が何をアピールしたいのかということに関わってくることです。

その他、気を付けたいのは店内や入り口周辺に掲げる、メニューの写真です。

お客さんは店の看板やファザードを目印にして来店、着席してメニューを見て注文してから、店内のPOPや掲示物を見ます。**そのときに目に留まるものとして、実際のメニューの写真を壁に飾っておくと、次に来店するときの参考にしてもらえます。**

このメニュー写真は一目で目を引く、食欲をそそる仕上がりであるのが望ましいので、プロのカメラマンにお願いして撮影してもらうことをお勧めします。私は自分がプロデュースする地方系列店の料理写真も、必ずプロのカメラマンを手配して撮影してもらいます。

自分たちの売りの商品なのですから、ここで手を抜いてはいけません。15カットで2万5千円くらいが相場ですが、ここはケチりたくない部分です。

カメラマンの探すのには、いろいろなプロの業者を探して依頼できる「ミツモア」というWebサービスがあります。予算や条件にあうプロが名乗りを上げてくれるので、参考にしてみてください。

情報発信メディア❷ SNS

ツイッター、フェイスブック、LINE、インスタグラムなどのSNSを活用した販促も近年は定着化してきましたが、これも店舗からの情報発信の場合、利用の仕方はまちまちです。

もっとも、これだけ多くのプラットフォームがあるメディアにひとつひとつ個別に情報発信していたら、手間と時間の無駄です。**ですから、できるだけひとつの情報ソースを、各プラットフォームで連動させて発信するようにしましょう。**これだと無駄も省けて、届けたい情報をそれぞれのメディアのユーザーに別々に送ることができるので、とても便利です。

私の場合は、メールマガジン（メルマガ）で記事を配信したら、一部同じ内容をインスタグラム、フェイスブック（店舗アカウント・個人アカウント）、Googleマイビジネス、LINE（ビジネスアカウント）にも投稿します。自動連動で一括投稿できるやり方もありますが、プラットフォームによって見た目が異なるので、同じ文章をコピペして個別に投稿するやり方でもかまいません。イベント案内やおススメメニューなどは、店のホームページにも掲載します。

SNSメディアとして大きく活用したいのはフェイスブックです。フェイスブックページは個人アカウントではなく、正式な企業・店舗アカウントとして開設するのがいいでしょう。そのほうが広告宣伝もできるし、アクセス数も掌握しやすいからです。そのうえで自分や他のスタッフの個人ページでもうまく告知できれば相乗効果が期待できます。両方で発信すればいい効果が生まれるはずです。

インスタグラムなどは若い女性ユーザーも多いので、メニューや食卓の美しい写真などを載せると効果的ではありますが、うまくはまらないとまったくフォロワーも増えず、無駄遣いに終わる可能性もあります。フォロワーを増やすことばかりに気を取られたら、本末転倒です。ですから、最初は欲張らずフェイスブックページをきっちりつくって、そこを情報の発信源にすることが賢明でしょう。

私の店ではメルマガを週に1回程度、フェイスブックの投稿は週2回程度行うようにしています。お客さんの得になるような内容をアップするように意識しています。楽しくないと続きませんので、自分も楽しくなる内容にしながら続けましょう。

SNSは何より、定期的に情報発信して、〝お客さんに忘れられないようにする〟のが目的です。即来店、につながらなくてもいいのです。

お客さんがリピートしなくなる理由の大きなひとつは、あなたのお店の存在を忘れてしまうこと。地道に楽しみながら続けていきましょう。

〈メルマガ〉

メルマガは月に2〜5回くらい、簡単なニュースや特典情報を書いて発信します。

もちろん会員登録制なので、お客さんに登録案内する必要がありますが、「会員になってもらえればこれだけ特典があります」という売り文句で登録してもらい、顧客情報を把握していくという目的があります。そこからお客さんの

「ケラッセ東京」のFacebookページ。SNSによる情報発信の中では大きな位置を占める

具体的な姿が見えてきますし、こちらからアプローチしていく方法も明確になるでしょう。

メルマガの登録案内は前述のチラシやパンフ、各ＳＮＳなどに明記しておくとわかりやすいと思います。お店の情報を掲載した名刺サイズのショップカードを作って、そこにＱＲコードと一緒にメルマガ登録サイトへ誘導してもいいし、メニューの最後のページなどにメルマガ情報を載せてもいいでしょう。

配信サービスはできるだけコストパフォーマンスがよく、使い勝手のいいものを選びます。私は使いやすい「オレンジメール」を使っていますが、無料でお試しが可能な上に、月３０００円以下で充分な機能を使用できるのでおススメです。

こちらから情報を届けられる、いわゆる「プッシュメディア」を持つことができると、ある一定の確率で売上を確保することが可能になり、何よりファンができていくのを目のあたりにできるのが楽しいです。最近は迷惑メールやスパム営業メールが氾濫しているので、メルマガ開封率は下がり続けていますが、一方的な営業的内容はほどほどにお客さんが楽しく得する内容を中心に投稿すると、50％の開封率は維持できます（私が参考にしているのは、東京・神田小川町「幻のイタリアン　カンティーニ」の進藤シェフが発行するメルマガです。配信頻度も頻繁で、内容が非常に面白くて勉強になります）。

情報発信メディア③ オフィシャルサイト・グルメサイト

オフィシャルサイトは店のホームページそのもの、グルメサイトは「食べログ」「ぐるなび」などの飲食店情報をまとめた飲食店系のポータルサイトのことです。

グルメサイトに情報を掲載する場合、基本的には有料で情報を掲載させてもらう形なので、広告宣伝とあまり変わりません。カメラマンに写真を撮り下ろしてもらったり、取材を受けて露出が多くなったりで、掲載プランも変わってきます。高いお金を払えば払うほど、露出も高くなるということです。

また地域ごとに媒体の強さが異なるところもあり、「ホットペッパー」が強い地域もあれば、「Retty」が強い地域もあり、まちまちです。どのグルメサイトを選ぶかで販促効果も違ってきます。

圧倒的に強いのはやはり「食べログ」です。立地が都会であろうと田舎であろうと、オールラウンドに強い販促効果があります。それだけ一般層に広く浸透しているということなのでしょう。「食べログ」はできれば、有料プランに登録しておいたほうがいいと思います。

多くの代理店が存在し、ページづくりなどを代行してくれるので、月3万円以下の費用はかける価値があります。

最初は「食べログ」の店舗ページをオフィシャルサイト代わりに使用してもOKです。

特に地方ではまだ有料プランを使用していないお店が多く、きっちりと作り込まれた「食べログ」ページは、それだけで見つけてもらえる可能性が格段に上がります。

「食べログ」の口コミについては、それほど気にしなくていいでしょう。人気店では何百もの口コミがついていることがありますが、よほどのことがなければ最初のうちは口コミの数も微々たるものです。ですから、最初のうちはきちんとした写真を掲載して、詳細な情報を提供して、ユーザーからの信頼度を得ることです。口コミ人気は、店が繁盛してくれば、後からついてくるものです。

ホームページに露出する際も、重要なのはお客さんがお店で楽しむ光景を明確にイメージできるようにすることです。要するに❶と❷で実践してきたお店の販促方法を、ここでも実践すればいいだけです。お店のメニューを作る時に使ったデータと同じものをホームページに載せるだけで充分です。メディアごとに違う情報をつくるのではなく、なるべく同じ情報ソースを複数の媒体に利用するように心がけましょう。

サイトに載せる必要があるのは、主に次の3点です。

- **フードの売りメニュー（食べなければいけない理由は？）**
- **ドリンクの売りメニュー（飲まなければならない理由は？）**
- **おもてなし（サービス）スタイル・客席の様子**

お客さんがお店で楽しむ光景を明確にイメージできるようにつくりましょう。

「ケラッセ東京」のホームページ　https://kerasse.com/

不変の定番広告は必須！

以上述べた「看板・ＳＮＳ・サイト」を常に更新・リニューアルしていくことを前提に、効果のある他の広告も押さえておきましょう。

今までいろいろ試した中で非常に効果のあったもの３つをご紹介します。

〈新聞折り込み広告〉

ＳＮＳやＷｅｂサイトなどのＩＴ系メディアでの販促活動が有効な一方、実は地方で絶大な効果を発揮したのが新聞の折り込み広告です。都市部で折り込み広告を出してもあまり効果はありませんが、地方では情報収集のメディアとして新聞を利用している年配の方々が多く、大きな効力を発揮しました。

私が岩手で店を開いていたときには、店舗周辺の人口５万人ぐらいを商圏として、毎月６０００部ぐらいのチラシを新聞の折り込み広告として配布しました。まだまだグルメサイトなどからの予約が少ない地方では紙媒体が強く、月商平均３００万円の5割以上の売上は新聞折り込みチラシを見たお客さんからの予約で成り立ちました。

折り込み広告といわれると何ともアナログな手法だと思われるかもしれませんが、これだけの効果があると決してバカにはできません。特に人口の少ない過疎の町での情報発信には有効な手段だといえるでしょう。

チラシの内容やデザインにはこだわり、パッと見を大事に、Ｂ４サイズくらいで目立つように（チラシのサイズとしては大きいですが、新聞を開いたときに目に入るくらいの大きさが必要なのです）。

私の場合は、プロのデザイナーやカメラマンにお願いして、毎月試行錯誤して折り込み広告を作成していました。デザイナーのギャランティと印刷費を含めて、毎月６０００部のチラシを合計5〜6万円くらいのコストで制作していました。コストパフォーマンスも抜群に高いといえます。新聞折り込みは、広告代理店の担当者と毎月、折り込み部数と折り込み地区などを相談しながら決定します。何回か続けていると、どんな内容が効果があるのかわかってきます。

今の時代、プロのデザイナーやカメラマンは簡単に探すことができます。「ランサーズ」

や「クラウドワークス」などのクラウドソーシングサイトを活用して、ぜひ試してみてください。印刷は「ラクスル」などの格安ネット印刷サイトにお願いすれば、だいぶ安く上がると思います。

私もランサーズでお気に入りのデザイナーさんに出会ってから5年以上、同じデザイナーさんに毎回依頼を続けています。各販促物のデザインからWebサイト・ランディングページの作成などさまざまなプロに仕事を依頼できるので、おすすめです。

〈FAXDM〉

宴会時期などの繁忙期を中心に効果を発揮する武器がFAXDMです。FAXでチラシやニュースレターなどをダイレクトメール（DM）方式で、FAXを通して一括して送る広告手法です。

FAXもアナログな販促方法だと誤解されがちですが、送信単価が安いのでコストパフォーマンスが高く、手軽に利用できることで、これも地方では効果的だったやり方です。

「満席FAX」という、飲食店専用のFAXDM代行会社があります。法人限定でFAXDMを送ってくれるプランがあるので、こちらで忘年会や新年会のシーズンにコースを明記したチラシを送ってもらうと、思いのほか大きな効果がありました。地方でこういう手法で販促するのが珍しかったこともあるでしょう。

頻繁に使うのはあまり効果的ではありませんが、宴会の機会が多い時期にピンポイントで活用するようにするといいでしょう。印刷媒体ではないので、だいたい2万円程度で、自分の商圏をカバーする販促を行うことができます。うまく活用できれば、かけたコストの10倍以上の効果が期待できます。

シーズン狙いの販促方法ではありますが、単発的な売り上げアップで終わらせないよう、会員制度への誘導や顧客情報獲得など、戦略を練った上での活用をお勧めします。

〈変化しているGoogle〉

SNSの項で少し触れましたが、最近注目されるようになってきたのは、グーグルの企業・店舗向けサービス「Googleマイビジネス」です。

FAX DMは忘年会・新年会シーズンに法人向けに活用したい

最近、グーグルで飲食店の名前を検索すると、検索結果画面の右側（スマホの場合は上側）にお店の基本情報・写真・地図が表示されるようになっています。**Ｇｏｏｇｌｅマイビジネスは、その情報をユーザー側から登録、管理できるようにするサービスです。**

スマホで店を検索する際に、「食べログ」などのグルメサイトのアプリから検索する人もいるでしょうが、**圧倒的に多いのはグーグルの検索窓に店舗名を打ち込んで検索する人たちです。**お店へのアクセスを調べる際には、グーグルマップで探すのがいちばん手軽なので、店舗情報の入り口をグーグルに頼る人は多いのです。店の概要をグーグルで調べて、より深い情報を「食べログ」や「ぐるなび」で調べる、といった使い方も多いでしょう。

これは無料で使えるサービスなので、まだ登録していない方はぜひ試してみてください。

それから、よくＷｅｂを使った集客テクニックとして活用される、自分のサイトが検索上位に来るように工夫する「ＳＥＯ対策」。これも考えたいところですが、あまり真剣に取り組もうとすると余計な時間を取られてしまうので、むしろ店舗情報にくっつく口コミを増やすほうに注力したほうがいいでしょう。

実際、口コミが多ければ検索上位に上げられることも多いのです。常連さんやメルマガに登録してくれた方などに特典つきの口コミ案内などをすればいいでしょう。グーグルでの口コミのほうが、「食べログ」より簡単なのもあり、件数が増えやすく、見込み客からも見やすくなっています。「食べログ」同様、口コミは良いもの悪いもの、好き勝手に書かれますが、良いお客さんは「口コミがすべてではない」ことを理解してくれています。口コミには過敏に反応せず、冷静に判断すること。評価の悪い口コミが、逆に自分達の改善点を気付かせてくれることもあったりします。

その他の使いたい情報発信メディア

以上、紹介した情報発信プラットフォームは完全無料なものから低価格で使えるものばかりなので、継続して改善しながら取り組むのが良いですが、効果の薄いモノに時間と労力を使い続ける必要はないので、使うメディアは吟味していきましょう。

今はプレスリリースの会社も数多く存在していて、1配信2万円ぐらいの予算で、数社にプレスリリースを送ることができます。都市部では、試す価値があると思います。

地方ではイベントや取り組みを地元新聞が記事にしてくれることが多いので、宣伝にも大いに活用していただきたいと思います。広告ではなく記事なので、いろいろな制限はありますが、地方ではまだまだ新聞の影響力は大きく、私もイベントや新しい取り組みを始めるときは、いつも新聞記者さんにお願いして、記事にしてもらいました。

(3)　(昭和31年2月4日第3種郵便物認可561号)　東　海

ズッキーニを有効活用

種山ケ原ぽらんで料理教室

住　田

住田町世田米の道の駅・種山ケ原ぽらんで28日、同施設に出荷されている食材を生かした産直料理教室が開かれた。今回は、この時期多く収穫されるズッキーニとブルーベリーがテーマ。長期保存も見据えた調理方法を楽しく学んだ。

この料理教室は、ぽらんと東京新宿区に店舗を構える「三陸ワイン食堂ケラッセ東京」が、6月から月1回のペースで開催。旬の食材は、特定の時期にまとまって〝おすそわけ〟を受けることが多く、食材の有効活用も見据えて料理のテーマは「長期保存」「5分洋食」としている。

今回も講師役を務めたのは、ケラッセ東京でシェフを務める坂東誠さん(46)。町内外から約20人が参加した。

この日のメニューは「ズッキーニのオリーブオイル煮」「ブルーベリーと鶏ハラミの本格スパイスカレー」など。屋外の特設テント下で3グループに分かれて挑戦した。

参加者は力を合わせて手を動かし、おいしく仕上げるひと手間を学習。完成が近づくと、高原からのさわやかな風に乗り、会場全体が香ばしさにあふれた。

坂東さん(中央)が分かりやすく調理法をアドバイス

坂東さんは「住田で多く採れるズッキーニは、イタリアンでは高級食材。食べきれないくらい手に入る時期もあるので、保存がきく調理方法を学んでもらえれば、有効に生かせる」と話していた。

次回は8月25日(日)午後2～4時に開催し、トマトとキュウリがテーマ。料金は1人2000円(中学生以上)で、定員は20人。問い合わせは、ぽらん(℡0197・38・2215)へ。

ふれあいと遊び満喫

夏休み居場所っこクラブ

大船渡

大船渡市末崎町の多世代交流施設・居場所ハウス(鈴木軍平館長)による「夏休み居場所っこクラブ」は29日、同ハウスで開かれた。地元の末崎学童保育会「希望の丘」を利用する児童36人が参加し、地域住民らとふれあいながらさまざまな遊びを満喫。流しそうめんなども味わい、充実した時間を過ごした。

居場所っこクラブは、同ハウスが行う「子ども見守り広場」の一環で毎年夏と秋に開催。同ハウスのスタッフや地域のボランティアらが協力し、子どもたちを迎えた。

子どもたちは開会行事後、地域住民らとともにさまざまな遊びを展開。花いちもんめ、なぞなぞ、輪投げ、水鉄砲などを厳しい暑さにも負けずに楽しんだ。

昼食時には流しそうめんとおにぎりが用意され、児童らは流れてくるそうめんをキャッチする面白さも味わいながら舌鼓。ビンゴゲームも盛り上がりを見せ、夏休みの思い出としていた。

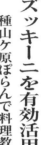

これに先立ち、同ハ

筆者が地方でイベントを開いたときの地元の新聞記事。地方では有効活用したい

お店に「ライブ感あふれるパフォーマンス」ができる余裕があるのなら、ＹｏｕＴｕｂｅなどの動画サイトをうまく活用して集客することもできます。

京都の『めん馬鹿一代』は〈炎の葱ラーメン〉で、そのインパクトから世界中から多くのお客様が来店していますが、これはまさに動画で店の特徴が伝えて成功している事例です。ぜひ一度、ＹｏｕＴｕｂｅで検索して動画を観てみてください。世界中の人が映像をアップしていて、必ず行きたくなりますから。

第5章

「あなたは何者なのか？」に繁盛店の答えは隠されている

～自分だけの繁盛キーワード〝7つ〟を知るワークショップ～

「セルフプロデュース」のためのアウトプット

ここで今までお話ししてきたことを踏まえて、改めて本書を読んでいる皆さんに、以下の質問をします。

この章の終わりにチェックシートを掲載しているので、そこに答えを書き込んでみてください（チェックシートのPDFデータもご用意しましたので、章の終わりに掲載してあるQRコードからアクセスしてダウンロード、プリントアウトして使ってください）。

これはあなたが持っている個性や強みをもう一度自分で分析して、店の戦略方法としてアピールしていくための「セルフプロデュース」の実践です。改めて「自分が何者なのか」を認識することによって、飲食店業者として何をやりたいのか、何を人に伝えたいのかが見えてくるはずです。

うまく表現できなくても全然かまいません。まずは書き出してみることです。

❶ あなたは何のために生きていますか？

あなたは何のためにビジネスをしていますか？

その仕事をしている使命、理念は何ですか？

これをまず明確にしてください。

答えは何でもかまいません。「感じのいいイタリアンを開いて、そこそこの売上で回していけるような店をやりたい」でも「最初はこじんまりとした店でも、ゆくゆくは大きなチェーン店にしていきたい」でもＯＫです。

要はゴールを明確にしてほしい、ということです。単にモチベーションが「売上を上げる！」だけでは、昔の私がそうであったように疲弊してしまうだけです。生活していくだけが目的の自転車操業になったら、店の回し方も機械的になり、自分も疲れるし、お客さんからも飽きられて終わりです。

ですから、迷ったら戻る原点を確認しておくことが大切なのです。

何のために自分はこの店を始めたのか、店を続けていくことによって自分は何を実現したいのか。その先にどんな未来を夢見ているのか。

自分の生い立ちやこれまでの歴史の中に、答えはあります。今の仕事をするキッカケになったことがあったり、感動・喜び・怒り・悲しみなど、強い感情によって突き動かされて、今があるはずです。それらを思い出し、言語化し、確認しておいてほしいのです。そこにはあなたのパワーの源が必ずあるはずですから。

私の場合は、やはり10年以上の鬱屈していた時代が源にあります。売上を立てることばかりに追い立てられ、このままでいいわけがないと思いながら、全力を尽くしていても疲弊する毎日。悲観的、否定的になっていく感情。毎日14時間拘束だけで孤独感も増し、精神的にも病んでいきました。

そんな中、何気なく見たサイトがきっかけでビジネスの師匠と出会い、そこから少しずつ光が見えていった気がします。

この仕事には、誇りがあるはず。未来があるはず。料理には、万人を元気にする力があるはず。それが私の使命・理念になって現場で料理する傍ら、食のプロデュースという活動の原動力となっています。

このチェックシートに書き出したことを、何年たっても読み直して自分の原点に立ち返

るスタイルを常態にしておきましょう。ここから外れないようにすれば、道に迷うようなこともありません。

❷ お客さんはどんな人ですか？

あなたが具体的にイメージしているお客さんはどんな人ですか？　男性ですか、女性ですか？　若い人ですか、年配の人ですか？　どんな仕事をしていて、どんな家に暮らしていて、どんな毎日を過ごしていますか？　あなたが理想にしているお客さん、1人に絞って考えてみてください。そして、店の情報を発信するときは、その人に向けて発信しているのだと思ってください。

その人があなたに最も利益をもたらしてくれるお客さんです。

何となく思い浮かべているお客さんのイメージでもかまいません。実際に店舗を回している方なら、リアルに来店されるお客さんたちの中から、「この人が理想のお客さん」という人をピックアップするのもいいでしょう。その人に対して店をアピールすることが、すなわちその人の後ろにいる大勢のお客さんに訴えかけることになります。

そういう人がいなければ、頭の中だけでも理想のお客さんのプロフィールをつくって、書き出してみてください。映画やドラマや漫画のなかで見たキャラクターを参考にしてもいいでしょう。

これはお客さんのターゲットの範囲を狭めるということではありません。**理想の1人に限定して情報発信するようになると、おのずと店の特徴も明確になってきます。そうすると多くの人にわかりやすい店づくりができるようになってきます。**

たとえば、実際に理想の1人としてピックアップしたお客さんが選ぶメニューから具体的な好みを探り当て、それに合わせて季節ごとの新しいメニューを作り上げていく。そうすると、より多くの人にわかりやすいメニューの流れができるようになる。

そのお客さんは印象に残るレアな方ではなく、お店の商圏に最も多い客層の最大公約数的なほうがいいでしょう。ビジネス街の店であればサラリーマンのお客さんの中から選ぶのがいいでしょうし、地域密着型の店であればファミリー単位で理想の団体客を一組描くのもいいでしょう。たまに来て、めちゃくちゃ高い料金を払ってくれるお客さんもありがたいですが、そういうお客さんはあくまで特殊な例だと思ってください。

サラリーマンのお客さんなら仕事帰りに寄るのか、近しい仲間との飲み会で来るのか。ファミリー層であれば休日のごちそう目当てに来るのか、その用途まで細かく書き込めると、なおいいでしょう。

立地によっては、平日と週末、まったく違う客層になる場合もあるかと思います。また、ふだんから多種多様な客層が見られる店もあるので、「1人に絞るのは無理！」というケースもあるかと思いますが、ここでの目的は前述した通り〝特徴を出す〟ことなので、あえて1人の理想のお客さんを挙げてみてください。

❸ お客さんの本当の来店理由は何ですか？

❷であなたが理想の1人として挙げたお客さん、その方はなぜ、お店に来てくれているのですか？

おいしいと評判から来たのでしょうか？　流行っていると聞いて来たのでしょうか？

また、どういう伝手《つて》で来店したのでしょうか？　どこでお店の情報を得たのでしょうか？

チラシを見てきたのか、友達から聞いたのか、「食べログ」でたまたま引っかかったのか？

お客さんが来店するにあたっての目的とプロセスも明確にしておきましょう。

なぜ店に来たのかを経緯を知っておくと、それがもっと増えるような情報発信もしやすくなります。

チラシを見て来店するパターンが多いと思ったら、チラシの情報発信を増やせばいい。食べログ経由のお客さんが多ければ、食べログの情報をもっと厚くすればいい。

また、来店理由は商圏の需要とも大きく関わってきます。先ほどお話したように、ビジネス街で流行っているお店は、サラリーマンが昼食や夕食を食べにくるという目的が多いでしょうし、地方のファミリー層は週末のご馳走目当てで来るパターンが多い。商圏ごとにニーズは多様に異なっていて、そこにヒントはたくさんあると思います。

4 あなたの武器は何ですか？

あなたがそのメニューを作る理由はなんでしょう？

今、あなたが作っているメニューに圧倒的な、オンリーワンの部分はありますか？

要するに、自分の得意分野をちゃんと認識してほしいということです。「あなたらしさ」がいちばん明確に打ち出せる部分でもあります。

そのあなた自身の武器によって、他の店と差別化できているか？

単にいま流行っているタイプのメニューだから、だけでは差別化はできないし、お客さんにも響きません。なぜ、あなたはそのメニューをつくって、お客さんに出そうと思ったのか？　そこを突き詰めて考えてみてください。

オンリーワンといっても、単に風変わりなメニューを出しても、瞬間的に珍しがられて終わりでしょう。❸でお話したこととつながりますが、商圏の需要とちゃんと合っているか、自分らしいメニューになっているか。それらを満たした上で、お客さんにちゃんと満足してもらえているか。

あなたがお客さんに伝えたいものと、お客さんが求めるもの、その2つが重なり合った部分が、あなたの武器に当たるものだと思ってください。

ヒントは何気なく、お客さんが発している言葉の中にあります。

私の店では「あの春菊とアスパラガスに感動しました」と野菜に感動する女性のお客さ

んが多かったので、毎日、旬の三陸野菜を必ず最初にお勧めするようにしています。

また、「なぜかわからないけど、よく出るメニュー」もヒントです。

私の店の場合はカルパッチョとアヒージョが注文しやすいのか、よく出たので、その2つの魅力をさらに高めて、種類とバリエーションを増やしたり、クオリティを高めたりすることから始めました。

また、以前はおすすめメニューでいろいろな貝類を出していたのですが、そこで評判のよかったのが牡蠣だったので、産地を限定したり種類を豊富にしたりして特別メニューをつくり、結果的に現在の店の看板メニューは三陸直送の牡蠣になっています。

すべての答えは実際の現場にあるわけですね。

5 客席の光景を言葉にしてください

あなたの店のお客さんたちはテーブルで何を話し、何を食べながら、何を楽しんでいますか？

お客さんたちはどんな顔をして、どんな時間を過ごそうとしていますか？

実際に客席の様子を観察してみて、場合によってはお願いをして撮影させてもらうのもいいでしょう。

その光景を言語化して、書き出してみてください。**具体的にお客さんが何を求めているのか、なぜ店に来てくれるのかが、アウトプットすることによって明確に把握できるようになります。**

ビジネスマンが1日の疲れを癒しに来ているのか、家族がたまの団欒を楽しんでいるのか。目的によって客席の光景もまるで違うものになるでしょう。

多少賑やかな客席でも、店にとっては心地よく、有難く感じる場合もあります。アンケート的に、お客さんに何がおいしかったのか、なぜ店に来てくれたのか、聞いてみるのもいいでしょう。

❷でイメージしたお客さんが、実際にはどんな風に食事を楽しんでいるのか。そこまでイメージングを発展させることができれば、より理想の店の絵が浮かんでくるはずです。

客席の光景を言語化することによってお客さんの求めるものが明確になり、それに合わせたメニューづくりができるようになれば、目的のパターンごとにいろいろな情報発信が

できるようになるでしょう。

単においしいメニューがありますよ、だけではお客さんには響きません。前述したようにお客さんの目的は食事が半分、コミュニケーションが半分なのです。

ですから、何をコミュニケートしているのかをちゃんと把握して、その現場の風景を写真付きでサイトやSNSやチラシで公開すれば、同じような嗜好をもったお客さんが後からついてくるはずです。

私の店のお客さんは仕事帰りの方が多いので、お話を邪魔しないメニューを心がけています。スタッフの長い説明が必要だったり、派手な演出をほどこすような料理は提供していません。シンプルに魅力とおいしさが伝わる料理を出して、あとはお話を楽しんでいただく。

その一方、家族連れや顔見知りの常連さんも週末を中心に来店されるので、素材にこだわったポテトフライやナポリタンなどのお子さんでも食べやすいメニューや、産地から取り寄せた旬の食材のコースメニューも提供しています。家族は食事を楽しんで、子供が飽きないうちにすぐに帰れるように。常連さんは心から食事の時間をゆっくり楽しめるように。

❷の「1人のお客さんに絞り込む」とは矛盾するようですが、絞り込んだ上で、店に来

てくれるさまざまなお客さんに喜んでもらう策を練るのです。お客さんの笑顔を浮かべながら考える時間は楽しいですよ。

⑥ お客さんはなぜリピートするのですか?

お客さんはあなたの店に来ると、どういう得をしますか?

それは、同じ商圏内でどこのお店にもない「得」ですか?

今までのお話は新しいお客さんを獲得するまでの話でしたが、店がうまく回っていくためには、リピートして来店してくれるお客さんを増やさないといけません。

ですから、一度来店してもらったら、次にまた来てもらうためにどうつなげればいいのか、を考えておくことです。お客さんはシビアですから、次回来る理由がなければ二度と来店はしません。

まず、次にお客さんが来店する理由は何なのか、それをはっきりさせておきましょう。

つまり、お客さんがリピートすることで、どんなメリットがあるのか、ということを明確化しておくのです。

圧倒的にコストパフォーマンスがいいからリピートするのか、逆にあまり安くはないけど他では味わえないほどおいしいものが食べられるからリピートするのか。あるいはトータルで店の雰囲気もいいし、サービスもいいし、家や会社からも近いから、という理由でリピートするのか。

お客さんがリピートする理由がはっきりわかっていれば、自分の店の特性もよく見えてきます。その部分を強化して販促と情報発信を重ねていけば、自然とリピーターのお客さんも倍増していくようになるでしょう。

もっともこれも商圏によって左右されやすい部分が多く、終電までには帰らないといけないビジネス街の店のお客さんに比べて、地方の地域密着型の店のお客さんには、家の近所に店があるというのがリピートの大きな理由を占めるようになるでしょう。

リピートする理由を探るのは、❺とも連動しますが、お客さんをよく観察しておくことです。近くの会社に勤めている人なのか、それとも近所に住まいがある人なのか、その程度でもわかっておいたほうがいいでしょう。メルマガ登録してもらって、おおよその顧客情報を理解しておくのも大切です。

一見さんに「今日はどうしていらっしゃったのですか？」と聞いたりすると、面倒くさい店だなと誤解されたりする場合もあります。常連さんになってからいろいろ聞いてみればいいだけの話で、大事なのはお客さんをあくまで観察することです。意識して見ていれば、お客さんの特徴がわかってくるはずです。

来店する理由は多いほうがいいでしょう。初来店の理由として、「近くにバルがあるのを見かけて少し気になったので」「知り合いがおいしいと言っていた」「飲み会の場所を探していた」となれば参考になりますし、「行って見たらおいしくて、雰囲気もよかった」「気になるメニューがあったけど、今回は食べられなかった」「ワイン券をもらったから、次回利用できる」と、いろいろなリピート来店理由をつくっていくことも重要です。

7 1年のシナリオはどんなものですか？

来店理由を強めるためには、どうすればいいと思いますか？

メニューで好評だった部分を、さらに魅力的にできますか？

もっとメニューを掘り下げて魅力を高めるには、何が考えられますか？

いままで書き出してみたことを振り返って、カレンダーを見ながら1年分の計画を作ってみましょう。

たとえば、1月は福袋コースを用意してお得感を出したメニューを作り、年明けから宣伝していく。効果があれば2月も継続。寒い時期でもあるので、牡蠣グラタンやシチューなどを冬の食材で提供する。

3～4月の歓送迎会シーズンを狙って、宴会コースのプランを作って、チラシやSNSやグルメサイトに情報を掲載しておく。この時期は山菜や春野菜のイベントを企画。

5月はゴールデンウイーク対策、6月は初夏の三陸メニュー。

7～8月はスパークリングワインフェアや東北ツアーを実施。

売上の落ち込む10月に向けて、9～10月はお得な秋コースを提供。

12月の忘年会シーズンに向けて、11月までに忘年会コースに合わせたメニュープランを作って、FAXDMで流すようにしておく。

1年のプランを明確にしておくと、行き当たりばったりにならなくて、計画的な店の運営ができるようになります。そしてそれぞれのシーズンを通して1年ごとにステップアップしていくことも心掛けましょう。

たとえばカルパッチョの評判がよければ、どのシーズンのどの魚のカルパッチョが人気が高いのかよく把握して、翌年から恒例のメニューに仕上げていく。そうすればメニューも飽きられず、店のスタッフのレベルアップにもつながります。

月ごとではなく、1年単位で店の運営を考えられるようになれば、メニューの発展にも集客にも効果的な回し方が可能になります。

ポイントは魅力が高まっていくように、同じテーマで販促計画・メニュー計画を作ることです。せっかく計画を作っても、あれもこれもやってみよう、では魅力が高まって行きません。あなたのテーマに沿って、魅力を増幅させるように計画してください。

以上のことをふまえて、次ページのチェックシートにできるだけ細かく書きだしてみてください。そして、それを常に振り返るようにしてください。

このチェックシートはあなたが店を続けていく上での金科玉条のようなものです。折に触れて読み返す習慣をつけるようにしてください。

■自分だけの繁盛キーワード"7つ"を知るチェックシート

①使命・理念・ミッション何のために仕事していますか?

②お客様は誰?最も利益をもたらす理想のお客様
（商圏にボリュームゾーンが多い事。）

③お客様に好評なものは?　なぜ、あなたのお店に来るのか?　他店との違いは?

④あなたの武器は何ですか?　あなたがそのメニューを作る理由はなんでしょう?　あなたが作っているメニューに圧倒的な、オンリーワンの部分はありますか?

⑤客席の光景を言葉にしてください。あなたの店のお客さんたちはテーブルで何を話し、何を食べながら、何を楽しんでいますか?　お客さんたちはどんな顔をして、どんな時間を過ごそうとしていますか?

⑥お客さんはなぜリピートするのですか?　お客さんはあなたのお店に来るとどういう得をしますか?　それは、同じ商圏内でどこのお店にもない「得」ですか?

⑦ 一年のシナリオはどんなものですか？　来店理由を強めるためには、どうすればいいと思いますか？　もっとメニューの魅力を掘り下げて魅力を高めるには、何が考えられますか？		
月	販促計画	メニュー計画

●チェックシートのPDFファイル

158～159ページ掲載のチェックシートと同じ内容のPDFファイルもご用意しました。下記のURLか、右のQRコードからアクセスしてファイルをダウンロード、プリントアウトしてお使いください。

https://kerasse.com/checksheet.pdf

第6章

客数を増やすための「勝ちパターン」

～3ステップであなたのお店の〝繁盛メニューの法則〟を完成させる～

お客さんにメニューを決めさせない！

　繁盛キーワードを7つ押さえたところで、ここは総仕上げの章です。繁盛メニューの法則について、この章ではお話ししましょう。ここでご紹介する方法論に基づいてメニューをつくっていけば、確実に集客につながる効果が出てくるはずです。

　同じメニューがあっても、見せ方ひとつでお客さんの満足度は変わってきます。満足度の高いものを味わってもらえるように、メニューブックの構成から考えていく必要があります。

　メニューは商品の羅列であっては意味がありません。第4章でもお話しした通り、おすすめのメニューは目につきやすい前のほうのページに載せたりなど、工夫が必要なのです。

　断言しますが、いざ注文するにあたってお客さんはあまり、あれこれ考えたくないのです。したがってたいていのお客さんは頼みやすいもの、自分が知っているものから注文していく傾向があります。

「よくわからないので、とりあえず自分が知っているものを注文する」→「おいしく食べる」→「メニューの内容を忘れる」。たいていのお客さんはこれの繰り返しです。

たまに予想以上においしいものが出てきたのでまた来ようと思っても、現代人は忙しいので、次に来るときはほとんど忘れてしまっています。

ですから、リピートしてもらうためには、お客さんの頭と舌のなかに忘れられないキーワードを叩き込む作業が必要なのです。食べるべきものを食べてもらわないのは、店にとってもお客さんにとっても不幸なことです。

メニューの羅列だけでは店の売りが伝わらないし、お客さんにとっても、おいしいことはおいしかったけど数日後には何を食べたのかまったく記憶に残っておらず、満足度も低いままに終わってしまうことになります。

極論を承知で言ってしまうと、お客さんにメニューを決めさせてはいけません。

「実際、メニューを決めているのはお客さんでしょ?」と思われるかもしれませんが、たとえ最終的に注文するものを決めるのがお客さんであっても、最終的なオーダーまで誘導するのは、店の人間の役目です。

お客さんに食べてもらいたいものを選んでもらって、満足して帰ってもらって、後日リピートしてもらう。ここまでの導線を作ることがすなわち「繁盛メニューの法則」にあたると思ってください。

では、その法則のつくり方を3ステップで段階的に説明していきます

ステップ1 入店から退店までの物語をつくる

前述の通り、ただのメニューの羅列をお客さんに放り出して、よくわからないままに注文を決めさせてしまってはいけません。お客さんが自分で選んでも結局迷いに迷って、単に知っているメニューを頼んで、なんとなく食べ終わったまま二度と店に来なくなって終わりです。

ですからここで必要なのは、ストーリーです。お客さんがお店に入ってきて、メニューを見て注文して、食事を楽しんで退店するまでの流れをイメージしてみましょう。

ストーリーづくりは店のタイプによっても異なり、100人ぐらい入る大きな店であればそれなりの数のメニューも用意しなければいけなくなりますが、大型チェーン店でもな

い限りそんな心配もないと思われますので、ここでは30席ぐらいの店舗を例にとって解説していきましょう。

優秀なシェフを揃えてレパートリーを増やしても、選択肢が多ければ多いほどお客さんはセレクトに悩み、結局自分が知っているものしかオーダーしなくなります。ですから、なるべくメニューの数は限定し、さらにキーワードがはっきり頭に入ってくるようにストーリーをつくってあげることが大切です。

キーワードにあたるのは〈売り〉と〈おすすめ〉です。

店の特性がいちばん強く出ていてるメニューが〈売り〉です。お客さんが「あそこは○○の店」と認識する際に、「○○」に当たる部分だと考えてください。

さらに店側からぜひ食べてほしいメニューを〈おすすめ〉に、それ以外の定番メニューを〈人気〉、前菜・副菜的なメニューを〈サイドメニュー〉とします。

店の規模を30席ぐらいとした場合のメニューづくりの黄金比は次のようなものになります。

〈売り：3＋おすすめ：3＋人気：10＋サイドメニュー：10〉

全体としては、メニュー数は席数よりやや少ないくらいがちょうどいいでしょう。多すぎると何をメインに頼めばいいのかわからなくなりますし、店の個性もあいまいになってしまいます。**30席クラスの店舗なら20数点のメニューでOKだということです。**

「そんな少ないメニュー数で大丈夫？」と思われるかもしれませんが、自分たちの特性がはっきりわかっている店ならば、その程度の数でまったく問題ありません。選択肢を増やしすぎて店の個性がわからなくなり、結局長続きしなかった例はたくさんあります。自信を持ちましょう。

ストーリーづくりにおいては、〈売り〉の3品＋〈おすすめ〉の3品で、店の魅力とメッセージが伝わるように心がけます。

〈売り〉はすべてのお客さんに食べてもらいたい看板メニューです。「この店に来たら、絶対これ！」というくらい、店の個性がはっきり打ち出された商品で、かつお客さんの需要も高いもの。〈おすすめ〉は〈売り〉メニューに続いて、お客さんのニーズが高い人気上位メニューということです。お客さんの好き嫌いもあるでしょうから、〈売り〉がすべて口に合うわけでありません。それをフォローするメニューと考えてください。

〈売り〉と〈おすすめ〉のメニューづくりでは、第2章でお話した3つのポイント「わかりやすさ＋あなたらしさ＋ライブ感」をベースに考えてください。
その上で、お客さんが満足する体験ストーリーをつくります。順序としては以下の通りになります。

❶〈来店前〉情報発信で店に来る「きっかけ」を与える

チラシ、SNS、グルメサイトで店の情報を知る。

「○○が美味しそう！　行ってみよう！」

↓

❷〈来店〉ストーリーに沿ったメニューを勧める

・入店時に何をお勧めする？（特に大事な瞬間です。時間が経つにつれてお客さんはリラックスして会話に夢中になるので、スタッフの話をあまり聞いていません）
・まずは何を食べる？
・メインに何を食べる？
・最後に何を食べる？

↓

❸〈退店〉リピートにつなげる

「○○がおいしかった！　また食べに来ますね」

↓数日後、再来店してリピーターに。

シンプル極まりないと思われるかもしれませんが、こんなもので十分です。情報発信で店に来るきっかけを与えて、店に来たら食べたいものを食べてもらって、満足して帰ってもらう、これの繰り返しで繁盛店パターンは生まれます。

具体例として私が以前プロデュースしたお店の場合で説明しましょう。

◎「樽生ワインと三陸牡蠣の魚バル」

（13・5坪／月商400万円／スタッフ3人／30席）

❶〈来店前〉

・「食べログ」（有料プラン・2万5千円／月）、「ぐるなび」（有料プラン・5万円／月）

・店舗ホームページ

・店頭の写真看板、タペストリー
・フェイスブックページ、チラシなどでメニューを細かく掲載して情報発信。
↓「魚と生ワインがおいしそう！」という印象をあたえて、来店のきっかけをつくる。
東北・三陸にフォーカスしてこだわりを伝える。
←

❷〈来店時〉

・**ワイナリー直送の樽出し生ワインをおすすめ**（「へ～、生なんだ～」と感心してもらう。他にない手詰めの瓶・スッキリした味わい）
・**ズワイ蟹**（「お通しで蟹!?」と驚いてもらう。蟹フォークを使って五感を刺激する）
・**7種カルパッチョ盛り**（「すごい！　こんなに!?」魚を堪能してもらう。7種の魚・7種の野菜マリネを専用の長いお皿に盛り付け、味付けも7種類それぞれ違うソース類を使用）
・**アヒージョ**（「うぁ～、うまそう」刺激を与える。スペイン土鍋でグツグツ感、ニンニクの香りで五感を刺激。つぶ貝や魚介系の具材で特徴を出す）
・**三陸漁師直送の牡蠣**（「一年中食べられるんだ～」病みつきメニュー。牡蠣に特化し

たメニューを別紙で用意すれば、ほとんどのお客様は一品以上注文する）

・カリフォルニアロール（「なるほど、シェフはカリフォルニアにいたのね」シェフのオリジナルを味わってもらう）

←

３〈退店〉

「魚（牡蠣）とワインの時はまた来るね！」

↓リピーターになる（チラシなどを渡すとさらに効果が出やすい）

私の店の場合はいろいろ試行錯誤していく上で牡蠣のメニューがお客さんの満足度も高く好評だったので、結果的に牡蠣が〈売り〉になりました。

生ワインも評判がよかったので、これもメインにしてホームページや看板、ＳＮＳやチラシで重点的に発信しています。

それがおいしそうだと思った方が店に来る〝きっかけ〟と受け取って、自然にこのようなストーリーづくりになったといえます。

お客さんによってばらつきはありますが、基本は楽しんでもらえるように満足度の高いものをメニューブックとして提供しています。

これがちゃんと当てはまると、魚を食べたいときとか、牡蠣を食べたいとき、生ワインを飲みたいときにまた来てくれるということになります。これがリピーターにつながるというわけです。

牡蠣は生で出したり、焼いて出したり、「牡蠣パスタ」にしたりと仕上がりはさまざまですが、右に上げたコースがやはりお客さんの満足度も高いストーリーだと思います。

ステップ❷ 必要なのはたった3つの商品

〈売り〉メニューを考えるにあたっては、店側からのメッセージが込められたストーリーづくりが必要になります。具体的にいえば、〈売り〉を3品として、それぞれに以下のようなメッセージを込めます。

メニュー❶「先ずは食べる価値あり！」
メニュー❷「これが当店名物！」
メニュー❸「〆はこれ食べてみて！」

先ほどの例でいうと、❶はカルパッチョ、❷は牡蠣、❸はカリフィルニアロールになります。

私の店はワインがメインのお店なので、カリフィルニアロールはお腹いっぱいで食べていただけないお客さんも多いのですが、食事メインのお店なら、カリフォルニアロールもアリでしょう。

これもバラバラに考えるのではなく、私の店の場合は「魚とワインを楽しむ店」というコンセプトを打ち出しているので、すべて「ワインに合う魚料理」というテーマで統一しています。すべてのメニューにワインが紐づいているのもミソといえます。

〆にはぴったりのカリフォルニアロール

ステップ3「○○のときは、また来ます！」

来店して食事を楽しむまでのストーリーとメッセージがきちんと伝えられていれば、お客さんに間違いなく「○○がおいしい店」と認識されているはずです。雰囲気の良さやコストパフォーマンスの良さで認められることもあるでしょう。

お店を出るときに「このお店、○○がおいしいね。また来るよ！」と言ってもらえれば、ストーリーづくりとしては百点満点と言っていいでしょう（実際に、口に出して言ってもらうことは稀でしょうが、店を出るときにお客さんが笑顔であれば、それがすでにサインになっていると思ってください）。

この時点であなたのお店が「○○の店」だという認識は固まっています。これがリピーター来店につながります。

来店前から退店までのストーリーづくりは、繁盛店メニューの法則で欠かせないものだとおわかりいただけたでしょうか。

■キーワードを盛りこんだ商品を3つ作り、お客様の体験する満足度100%のストーリーを完成する

①このお店○○で良さそう！ 行ってみよう! （来店前に【いいね!】と思わせる事）	
②まずこれを食べて… （なんで?価値は?）	
③これをゆっくり味わって… （なんで?価値は?）	
④これでトドメだ♪ （なんで?価値は?）	
⑤○○の時はまた来よう! （あなたのお店=〇〇を伝えきる事）	

〈記載例・樽生ワインと三陸牡蠣の魚バル〉

①このお店○○で良さそう！ 行ってみよう! （来店前に【いいね!】と思わせる事）	仕事帰りに美味しい魚タパスで 生ワインを 一 杯!
②まずこれを食べて… （なんで?価値は?）	カルパッチョ盛り合わせ ・今日の新鮮7種類全部盛りなんです。下には7種類の野菜マリネも仕込んであるんです!
③これをゆっくり味わって… （なんで?価値は?）	牡蠣メニュー ・雄勝の漁師さん直送の牡蠣は、水深40mのキレイな海域で育つため 一 年中生で食べられるんですよ。僕も行ってきましたが、人が全然住んでない田舎でした。
④これでトドメだ♪ （なんで?価値は?）	アヒージョ ・定番のつぶ貝が人気ですが、今の時期は白子がオススメです!春はホタル
⑤○○の時はまた来よう! （あなたのお店=〇〇を伝えきる事）	気軽に魚でワインの時はまた来よう! （牡蠣・ワインの会員にもなったし♪）

記入した事に関する内容を〈店舗〉〈SNS〉〈HP〉で情報発信をし続ける。

●チェックシートのPDFファイル

上に掲載したチェックシートと同じ内容のPDFファイルもご用意しました。下記のURLか、右のQRコードからアクセスしてファイルをダウンロード、プリントアウトしてお使いください。

https://kerasse.com/checksheet2.pdf

第7章

爆発的にお店のファンを増やし続ける、満席イベントの作り方

～リピーターから、ファンを増やす！～

イベントを開き、「ファン」を育てる

前章では客数を着実に増やしていく繁盛メニューの法則をお話ししましたが、**より確実に客足を伸ばすのに必要なのは、お客さんに店のファンになってもらうことです。**

リピートしてくれるお客さんはありがたい常連さんではありますが、いちばん望ましいのは、多くのファンとしてお店についてもらうことです。これにより優良な顧客リストが蓄積され、リピーターが連鎖的に増えていくからです。

ファンを育てるためにいちばん有効な方法は、店で定期的にイベントを開催することです。

イベントを行えば、お客さんと店の相互のコミュニケーションが活性化して、お客さんの側から能動的に店に関わるようになり、結果的にファンが育っていくのです。

私のお店では料理教室とワイン会を7年間継続して開催しています。定期的に開いていると、毎回来てくれる熱心なお客さんも生まれてくるし、ふだんより深いコミュニケーションの場を店とお客さんの間に設けることができます。そこから店のファンが増えるのはも

ちろん、店で働きたいというスタッフ志望の方が出てきたり、新しい人とのつながりができたり、仕事の幅が広がっていきます。

イベントを通して生まれてくるファン層は、店を囲むコミュニティの育成につながっていきます。コミュニティができると、店の経営は一気に安定します。単純に常連さんの数が増えるだけではなく、そこから新たに生まれてくる空気が次の常連さんに伝わり、店の繁盛化を促すのです。

数字が安定するとともに、自分たちを応援してくれる友人や味方ができるようなものですから、精神的にも楽しく安定するわけです。これは売上以上の財産だと思っています。

店としても単調な毎日の営業のなかにイベントがあると活気づきます。イベントに向けてスタッフのコミュニケーション能力が高まったり、ふだんでは思いつかないようなことも実行できたり、店外のスタッフとのやり取りも活発になったり。要は小さなお祭りに向けて、血が騒ぐわけです。私自身はイベントを開催し続けてこなければ、今の充実した自分はなかったと思っています。

オフィス街なら土曜日・日曜日の売上が見込めない日に楽しいイベントで売上を作ることができるし、定休日のないお店でも通常営業時のお客さんでも参加しやすいイベントを企画・開催できます。私も最初の頃は参加者が10人にも満たなかったり、参加者が1人だけというケースもありましたが、それでも楽しいので改善しながら継続していたら、次第に満席が当たり前のイベントが増えてきました。

茶道に「一座建立」という言葉があります。亭主と客の協力によって茶席がより高い完成度に至る、というような意味です。飲食店イベントはまさに「一座建立」で、もてなす側ともてなされる側の一体感が生まれるのが醍醐味といえます。

参加者の方からは、ごく普通に顧客名簿をつくることができます。通常の営業で、お客さんからフルネームのお名前をいただくのは難しいですが、イベントではそれが普通にできて交流も深まるので、通常営業でのお客さんに導きやすいのです。いわゆる、〝かけがえのないお店のファン〟になってくれるわけですね。

これまでの飲食店経営は、売上と効率を求めることが第一とされてきました。しかしこれからは文化的・芸術的な要素、効率とは相反する人間的な豊かさが、店の運営にも求められる時代になってきています。スタッフもお客さんも〝モノ〟より、その〝モノ〟に関わる文化に興味がシフトしてきているように思われます。

その意味では、店とお客さんとで作り上げるイベントは、まさに今の時代にもピッタリです。私自身も、作業に追われて心も体も荒んでいる毎日から、イベントを開催していくことで、余裕をもった充実した楽しい毎日へと、日々の生活を変えることができました。

イベントは都市部と地方、どちらでも効果抜群です。特に地方では、その土地の特産品を使った料理教室を開催すると、地元の皆さんに喜ばれます。

どんなコンセプトや志を持っているお店なのか？

スタッフもお客さんも、共感や共鳴ができるポリシーを持った飲食店を求めています。イベントはそれを伝えられる絶好の機会。

自分の店のブランド力や認知度もアップしますし、他店との大きな差別化にもつながりますのでぜひ、力を抜いて気長にトライしてみてください。

では、私の店の料理教室とワイン会をサンプルにして、効果的なイベント開催のやり方を解説していきます。

自分たちで集客できなくてもコラボという方法で呼び込むことはできますし、最初のうちはお客さんが来なくても、楽しく継続できる内容にして継続し続けることが大切です。

〃お店のファンが急増する〃料理教室のつくり方

料理教室は継続した顧客獲得の強力な武器になります。

ですから定例のイベントとして自分の店で開催したいという要望も増えているのですが、満席状態で継続するのは難しいのではと躊躇している方が多いようです。

実際、料理教室は手間が掛かりますし、効率が良くない部分もあるので、途中でやめたくなってしまうのも無理はないと思います。

ですから、わざわざ開催する目的を再確認してもらいたいのです。

なぜ料理教室がいいのか？　開催する価値はどこにあるのか？

私の経験からいえば、料理教室を開催する意味は大きく以下の3点に集約できると思います。

・顧客（お店のファン）リストを継続して集められる

・お店のブランド力が高まり、認知度もアップする
・普段の営業にない楽しさが自分やスタッフたちのモチベーションを高める

通常営業では得られない大きな効果があるのです。以下のステップに沿ってぜひ、取り組んでほしいと思います。

❶最低10回・1年間はブラッシュアップしながら継続することを決める（定期開催の計画を立てる）

粘り強く継続しないと集客できませんし、ファンの獲得につながりません。まずは親しい知人を集めて開催してみることです。実績がひとつでもできると、次が楽になります。ですからまず、継続して開催できる日程を決めてみましょう。ふだんの営業時間外に開催するとプラスαの売上ができるので、ベストだといえます。

地域密着型なら月に1回、2時間以内の軽い教室内容で。イベント型で遠くからもお客さんを呼ぶ場合なら2ヶ月に1回、3〜4時間程度のお得感のある内容にするなど、自分の店のイメージと合った内容、プランにしてスタートしてみてください。

開催日程、開催頻度、予算、テーマ・コンセプト、スタッフ人数、継続して開催できるかどうか。

この6点をできる限り明確にしておくといいでしょう。

❷お店のファン層と顧客リスト獲得のためのフロントエンドとして料理教室を開催する

即戦力として儲けようとするとうまくいきません。長期的視点で捉え、原価率40％以上を目安にしてください。

店舗での料理教室は「生ビール100円！」という呼び込みみたいなもので、まずはどんな売り文句でも足を運んでもらうことが大事です。

その後のスタッフや他のお客さんとのコミュニケーションを通じて、店のファン（リピーター）になってもらう。その流れを忘れないで取り組むようにしてください。

お客さんをバックエンド（顧客化）するためには、名前と連絡先くらいの顧客情報をもらうことと、店の人間とコミュニケーションをもってもらうことが必要です。これを自然に簡単にできるイベントが料理教室なのです。

❸自分たちにしかできない企画を考える

お客さんは自分たちの店にどういうイメージを持ち、何を期待しているのか？それを理解した上で、そこから離れない視点のイベント内容にすることが重要です。

どうしても料理教室というと、クッキングスクールなどで行われるきちんとしたレッスンを想起しがちですが、私たちはこれが本業というわけではないのですから、あくまで〝楽しさ〟を前面に打ち出したイベントにするように心がけましょう。

私の店で開催した例として「ソムリエワインビュッフェ＆Xmas sushi roll 教室」という料理教室を開いたことがあります。

「ワイン飲み放題」と「寿司ロールの創作料理・魚介料理」のイメージが、私の店の「気軽で楽しい＆おいしい魚貝系ワイン酒場」というイメージにぴったりはまって、大きな好評を得ました。

自分の店のイメージ合っているか、他にないオンリーワンの企画になっているか、大手の料理教室とはまったく違う内容になり得ているか。これらを意識して企画していきましょう。

❹「この料理教室に来ると、どんないいことがあるのか」を告知文に書く

告知は店のオフィシャルサイト、フェイスブック、LINE、店頭チラシ、ポスター、メルマガ、ブログ、知人へのメールなど、あらゆる手段を使いましょう。

最初のうちは認知度も低いため、思うように集客できない場合が多いので、なるべく多くの人の目につきやすいプラットフォームを使うようにするのが重要です。

告知内容については、教室の詳細はもちろん、「参加するとどんな良いことがあるのか？」を明確に記載してください。料理以外のお得な内容を盛り込むのがポイントです。

例えば前述の「ソムリエワインビュッフェ＆Xmas sushi roll 教室」であれば、「ワイン仲間ができる」「お酒が飲み放題で土曜の昼から幸せ」「寿司ロールでホームパーティーが開ける」などを告知文のなかにしっかりと盛り込みます。ターゲットは女性のお客さんですが、女性の方の多くは友人を誘ってきてくれるので、10人集客するのに実際は5人以下の集客ができればいいでしょう（告知開始は開催2ヶ月前ぐらいがベスト。女性の方は予定が埋まるのが早いので）。

告知内容がお客さんも自分たちもワクワクする内容になっているか？　それを常に確認するようにしてください。

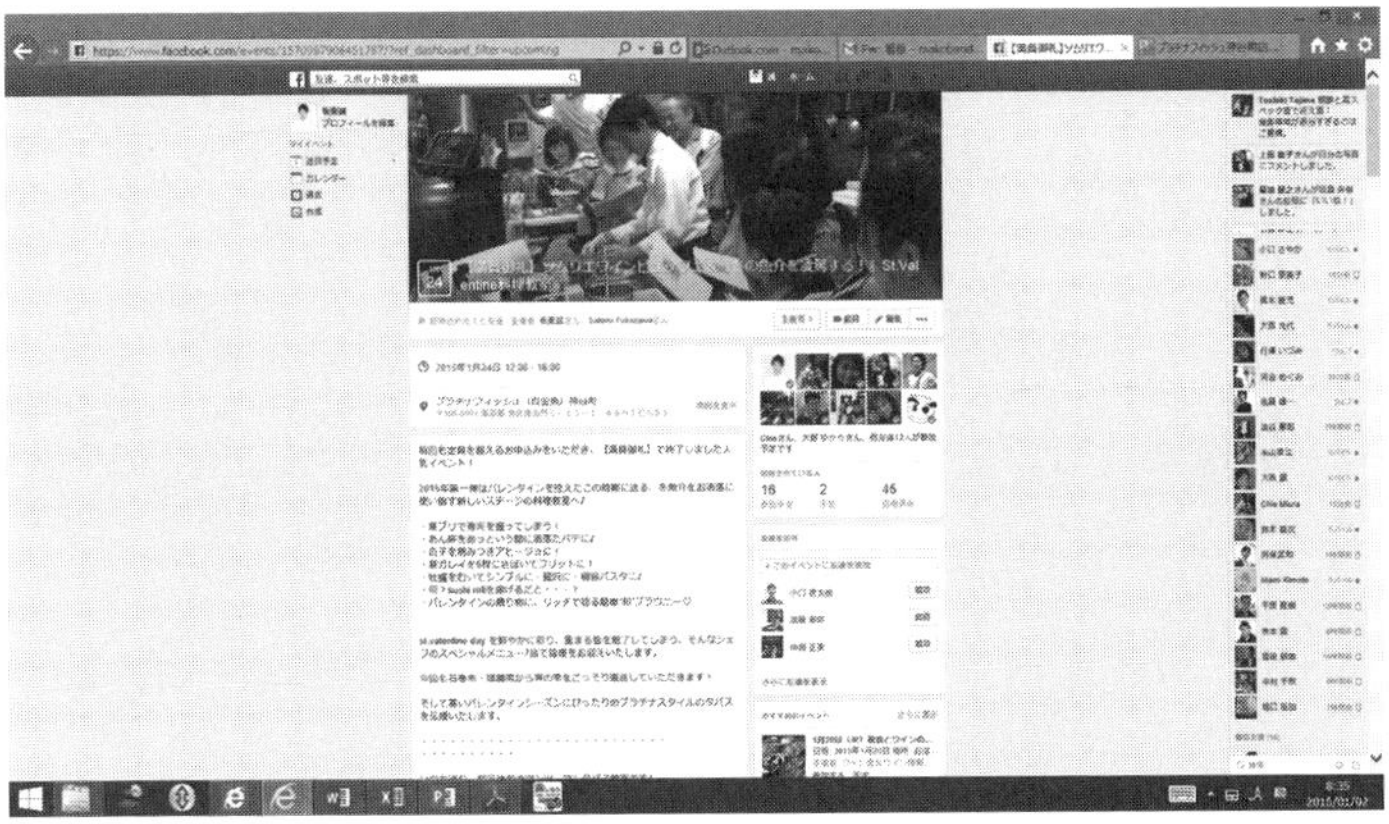

Facebookのイベントページを使った告知例

告知専用サイト「コクチーズ」を使った告知例

❺SNSでワイワイする

料理教室の情報は、主にフェイスブックなどを使ってコミュニケーションを取りながら広めていくのがおすすめです。地域密着型の店の場合は、チラシや店頭告知も効果的です。スケジュールを張り出し、継続して開催しているということを伝えてください。店内の黒板やメニューブックの一部に記載するのもいいでしょう。

一週間に一度は「こんな特別な企画です」「こんな人にぴったりです」「こんなお土産があります」などの情報発信をしてください。

❻開催後はさらにSNS（フェイスブック）でワイワイすることを繰り返す

開催時には教室の様子を写真に撮っておいてください。

人は他人が盛り上がっている写真を見ると、気になるものです。イベント開催時の光景を写した写真は最も雰囲気が伝わりやすい媒体だといえるでしょう。

併せて参加者の声を告知文に載せたりするのも効果的です。「次回は〇月〇日にこんなことをやりますので、お楽しみに」「料理教室のお客さんとBBQしました！」など、お客さんとのやりとりの模様を言葉に入れると、ブラッシュアップの材料にもなります。

教室に参加した人もその模様を自身のフェイスブックページにアップしたりしてくれるので、シェアしたりコメントをつけたりして、次回の開催への盛り上げに活用していくといいでしょう。

❼口コミで評判が広がり、次回は来たい！　という人が増えてくる

❶～❻までの流れを繰り返していくと、見込み客の絶対数が増えてきます。いろいろな方面からお客様が増えてくるのです。

❽告知開始後、すぐに予約で埋まるようになる

ここまでくるとお店のファンが増えて安定経営が可能になり、イベント（小さなお祭り）はスタッフにも良い刺激となっていきます。

料理教室のリピートはもちろん、通常営業時にも来店してくれたり、人脈が広がり仕事の幅が広がったり、プライベートのお付き合いができたりと、プラスの事柄がたくさん増えてくるでしょう。

❾会員制度につなげる

実名や連絡先を登録して、繰り返しイベントを楽しんでくれるお客さんは優良顧客といえます。

長期的に継続してリピートしていただくために、会員限定の特典をオファーした会員制度を設け、店とお客さんの双方がお互いに得する状態を作ることがおすすめです。

店のファンづくりの最高のきっかけになるのが料理教室です。料理を武器にしたい店舗にとって、お客さんと対等の立場で楽しくファンづくりができる最高の方法です。ぜひ、長いスパンで楽しみながら取り組んでいただきたいと思います。

自己集客ゼロ・月15万円売上アップする「ワイン会」の作り方

お店でのイベント開催は単なる売上アップだけではなく、店の知名度やブランド力を上げたり、お店のファンを増やしたりする高い効果があります。しかし反面、経営資源が乏しい小さな店では集客や魅力的な企画づくりが難しいという事実もあります。

そこで考えてもらいたいのが〝コラボ〟というイベント形態です。他社の経営資源を活用して成功する、という考え方です。

「そんな自分都合の虫の良い話が？」と思われるかもしれませんが、「相手の役に立つ」というのがコラボの考え方の基本です。相互で協力し合って結果的にメリットを見い出せれば、それで十分です。

そして「ワイン会」はそうしたコラボにはぴったりのイベントです。

その方法、考え方と具体例を、私が実際に体験したワイン会開催のプロセスに沿ってドキュメント風に紹介していきますので、参考にしてみてください。

❶やりたい企画を立ててみる

私の店の場合はオフィス街という立地のため、土曜日の集客に困っていました。そしてソムリエの友人と共に「ワイン会をしたいね」と話していたので、土曜日に開催してみることにしました。

さっそく友人や知人にも協力を頼み、チラシも作成して大々的に告知しました。内容もお得感ある充実した内容。

しかしまったくお客さんは集まらず、1回目の参加者は6名、2回目は2名、そして3回目は0人。自分たちの力に限界を感じました。

そこで出会ったのが、〝コラボ〟という手法。以前も他社との〝コラボ〟に失敗していたのでその言葉には消極的でしたが、そのときは単にコラボ相手と意気投合して、「なんとなく信用していたから」という曖昧な理由で実行したのが敗因だったと後で気づきました。ビジネスとして〝コラボ〟を成功させるには、ビジネスとしてまったく別の考え方が必要だったのです。

現在、毎回満員御礼で開催しているワイン会は、集客に苦しんだ当初のワイン会と内容はほとんど変わっていません。

❷企画成功に足りない要素（経営資源）を把握する

では、自分たちに何が足りなかったのか？　それはワインやワイン会が好きな方の顧客リストです。

開催場所（店舗）、商品（ワイン・料理）、スタッフなどの必要条件はそろっているわけです。しかし、私の店のふだんのお客さんは近隣のサラリーマンですし、友人・知人にもワイン好きの人数には限界があります。それだけでは集客につながらないわけです。

そこで、成功しているワイン会を探すことにしました。

❸足りない要素（経営資源）を持っている会社を調べる

不思議なもので、意識しているとアンテナが立ちます。フェイスブックでワイン会の案内を明記した投稿広告を見つけました。そこには都内で100人規模のワイン会を頻繁に開催するワインショップの存在がありました。

「それだけワイン会を何度も開催できるぐらいだから、ワイン会が好きな人のリストを1万円件以上、持っているに違いない」

と確信したのです。実際、そのワインショップのフェイスブックページはその時点で、約1万5千件の「いいね!」がついていました。

❹その会社の役に立つ形でオファーをする

そのワインショップの連絡先をフェイスブックページやホームページなどから調べ、代表者宛にメールでコラボの提案をさせてもらいました。もちろん、知り合いでも何でもなく、お会いしたこともありません。ビジネスレベルでいえば、自分より数段上の方です。

メールの文面では自己紹介と共に、先方のワイン会のコンセプトに共感し、ワインショップの商品を使ったコラボワイン会の開催をしたい旨を丁寧につづり、自分の店ができることとして、

・ワイン会のイベントページ、チラシ、メール告知分の作成
・ワインショップからの紹介客の参加費20%をショップに還元
・当日使用の食材をワインショップより仕入れる
・参加者への当日のワインショップ商品販売
・イベントへの集客活動(ホームページ、SNS、メルマガ、店頭など)

・定期開催によるワインショップ商品の認知度への貢献

を明記しました。

もちろん、開催予定日程と予定参加費も記しておきます。

完璧な文章とはほど遠いものでしたが、先方の利益になる提案をすることが重要です。

その後、このワイン会主催者の方が店に来てくれて、いろいろアドバイスをしてくれました。より良いワイン会の提案をしてくれたのです。

❺条件などの調整を続ける

それからは何度かメールでやり取りしましたが、なるべく相手に時間の手間をかけさせない配慮をしました。ワイン会の告知文も自分で作り、提案させてもらいました。

最初に提案させてもらった諸々の条件は、お互いの利益になる形で少しずつ調整していきました。

以後、自己集客なしでのワイン会開催を2年間、30人満席で開催し続けています。

「まずは相手の利益になること」を心がけることです。

❻企画開催後も調整を続ける

相手の信頼を得るためにも1回きりのご縁で終わらずに、継続することが大事です。自分も日程が合うときは、先方のワイン会に出席させてもらったりしています。

もちろん、自分たちだけで企画・集客がすべてできればいいのですが、大資本を持つ老舗でもない限り、実際には難しいでしょう。無理のないところで、協力してくれる人たちと協力し合いながら進めていくのがベストなのです。

ぜひ、適当なコラボ相手を見つけて、自分たちのイベント・企画を成功させてください！

コラボを続けていれば、ワイン会は毎回満席にしやすいイベント

第8章

アフターコロナの飲食店経営術

～今こそ店の価値を全国に伝えるための7つのアイデアとツール～

コロナショックをチャンスに変えよう！

本書の執筆作業も終わりを迎えつつある2020年4月、世界中で蔓延していた新型コロナウイルスによる感染症が日本国内にも広がるようになり、政府によって発令された緊急事態宣言により、飲食店業界も営業自粛を要請され、まったく予想外の大打撃を受けることになりました。コロナウイルスの影響で、全国の飲食店は一度リセットされた状態になってしまったといっても過言ではないでしょう。

これは誰もが経験したことのない不安な時代の到来です。これを書いている時点ではまだ自粛の真っただ中で、私の店も一時休業したり、時短営業したりで、何とかやりくりしている状態です。

飲食店関係の皆さんは、夜も眠れない状態が続いたりしているのではないでしょうか？実際、私はそうでした。景気よく繁盛する店をみんなでつくり出そう！という本を書いている矢先にこの未曽有の事態ですから、正直言って、落ち込みました。コロナが収束したとしても、経済的にもその後遺症はしばらく続くと思っていいでしょう。

しかし、よく考えてみてください。幕末や戦争など、日本には約80年の周期で大変動が訪れるといわれます。大げさかもしれませんが、今回の出来事は単に疫病の問題というだけではなく、私たちの生活が一変する新しい時代の幕開けを告げるサインなのかもしれません。

ここで提案したいのは、この状況を逆にチャンスだと思って、新しい業態に挑戦してみることです。

今回のコロナショックは言ってみれば、大繁盛店もそうでない店もすべてがリセットされて、皆が同じ位置から再スタートする引き金なのです。

ですから、今こそ「本当にやりたいことは何か？」「自分のできることは何か？」という問いを突き詰めるときなのです。そのうえで、これまでの常識に捕らわれず、飲食店の業務形態を総合的・複合的なスタイルに転換していくことを考えてほしいのです。

この最後の章では、実際に私の店で実践したことをベースに、アフターコロナで有効な飲食店の対応策を、具体的に7本紹介します。私自身も手探りの状態で思いついたアイデアではありますが、少なくとも効果は実感している方法なので、ぜひ参考にしてみてください。

アイデア❶ テイクアウトアプリ「ｐｉｃｋｓ」

～お客さんが簡単にスマホ注文・事前決済～

感染の原因になるといわれる「3蜜」（密閉空間、密集場所、密接場面）を避けるため、飲食店も店内での通常営業に配慮する必要が出てきて、営業時間の短縮や休業を余儀なくされている場合も多いと思います。

こんなときに活用したいのが、「テイクアウト」です。ふだんは店内でしか提供できないメニューを、これを機会にお持ち帰り用に販売展開してみましょう。

テイクアウト自体は、すでに実践しているお店の方も多いと思いますが、**ここで活用したいのがテイクアウトアプリ「ｐｉｃｋｓ」です。**

これはお客さんがスマートフォンなどからアプリを使ってお店のページにアクセスして注文と決済を先に行い、料理ができたら通知がくるので、後は店に受け取りに行くだけ、という手軽なサービスです。お客さんは店の前に並ぶ必要もなく、すぐに商品を受け取れるので、テイクアウトを展開している飲食店には重宝されています。店側からの登録は無料で、申請してから約1週間で利用できるようになります。

アプリ内ページにはメニューの詳細も記載できるので、「食べログ」「ぐるなび」のようなグルメサイトとしての告知媒体としても使えます。登録したら、「ｐｉｃｋｓ」でのサービスを開始したことをテイクアウト用チラシに掲載したり、ＳＮＳやメルマガなどでお知らせしたり、継続してアピールしましょう。

テイクアウトはたまたま来店したお客さんだけ相手にしている限りでは、それ以上の広がりは見込めないでしょう。ですから、ここでも必要なのは情報発信なのです。こういうときだからこそ、新しいお客さんを呼び込むつもりでトライしてみてください。

◎「ケラッセ東京」ｐｉｃｋｓメニューページ

https://picks.fun/shop/1345

アイデア2 宅配・オンラインショップ「ＢＡＳＥ」

～すぐに開店！　自分たちのＷｅｂショップで料理・食材を全国に！～

宅配事業やオンラインショップはお店の魅力や価値を全国に届けることができますが、

今までは少しハードルが高い分野でした。しかし近年は通販サイトも手軽にオープンできるようになったので、この機会にネットショップを開設して、新しい可能性を広めましょう。

すぐに始められて、料金もかからないツールは「BASE」(https://thebase.in/)という通販サイトです。登録するとすぐに自分の通販ショップを開設できます。

おすすめは、ある程度単価が取れる、詰め合わせセットの販売です。店内営業ではなかなか売りにくい詰め合わせセットですが、宅配商品であれば新しいニーズが見えてくるはずです。

店で提供している人気メニューを真空パックにして、ギフトセットとして販売してみましょう。離れて暮らす家族への感謝の気持ちや母の日などの贈り物として、自分が好きな店のおいしい料理は重宝されます。

また、お店で使っているプロならではの食材をそのまま販

「ケラッセ東京」オンラインショップで販売しているデリセット（左）と食材セット（右）

売しても良いでしょう。「ケラッセ東京」では、三陸地方から取り寄せている肉類・魚介類・野菜をそのまま、「ケラッセ東京ご用達・三陸食材セット」して料理好きの方を対象に販売しています。ネットショップ新設後、SNSやメルマガで告知開始したところ、5日間で20万円ほどの注文が入りました。

少しずつでも、継続して販促・改善・ブラッシュアップしていく価値はあります。手間暇をかけたモノ以外にも、売れるモノはたくさんありますよ（なお、惣菜の販売には飲食店の営業許可の他に、惣菜製造業許可証が必要となります。それほど難しい手続きはありませんので、管轄の保健所で手続きできます。長期的に見て、取得しておいても損はないと思います）。

◎**「ケラッセ東京」オンラインショップ**

https://chefmakoto.thebase.in/

アイデア3 デリバリー「ウーバーイーツ」「出前館」
～手頃でも手数料の高いデリバリーには注意～

デリバリーの需要も急激に増えて、首都圏では「ウーバーイーツ」の宅配マンがいたるところで見かけられます。「ウーバーイーツ」以外にも、「出前館」など、最近はいろいろな代行業者が宅配サービスを始めています。今まではデリバリーに手を出す余裕がなかったような飲食店でも、代行サービスを活用することで、宅配営業にも手を広げることができるようになってきました。

宅配代行サービスは、注文総額の約3割ほどの手数料がかかってしまうのが玉にキズなのですが、うまく活用できるコツがつかめれば、強力な武器になるはずです。

ですから、ある程度の単価の高い商品や原価率の低い人気メニュー、効率の良い注文などに絞って利用するほうが、コストパフォーマンスもいいでしょう。店のメニューをなんでもかんでもデリバリーに充ててしまうと、宅配代行業者を儲けさせるために料理をつくるような状態になってしまい、本末転倒です。あくまで本業のサポート的な営業形態として考えるのが得策です（コロナの影響が出る5年ほど前ですが、私もデリバリー代行業者と契約して、試したことがあります。確かに売上は2〜3%ほどアップするのですが、手数料が30%以上かかったり、お店のピークタイムに宅配注文が入ったりなど、利益も残らず疲れるだけでした）。前述のテイクアウトや、ネットショップを使った宅配でカバーしきれないところが出てきたら手を出してみる、くらいのつもりで十分でしょう。

代行業者に頼まなくても、コストやお店からの距離・時間を限定して、できる範囲で自力でデリバリーを試してみるのもいいと思います。デリバリーのためにわざわざバイトを雇ったりするのは、おすすめできませんが……。

アイデア❹ オンラインイベント「Zoom」
〜飲み会やイベント開催→ファンづくりを楽しむ〜

夜間のアルコール類の提供時間も制限されたため、飲み会やイベントの開催もままならなくなってきました。

その代わり新たに市民権を獲得してきたのが、在宅勤務・テレワーク用のアプリを使って、オンラインのパソコンやスマホ、タブレットの画面上で飲み会をやろうという試み。人気のテレビ会議ツールを使った「Ｚｏｏｍ飲み会」も流行るようになりました。「Ｚｏｏｍ」は確かに手軽で便利なリモートアプリなので、オンライン会議やセミナーなどはもとより、プライベートの場でも幅広く活用されています。

ただ、ここでおすすめしたいのは、店舗主催のオンライン飲み会を開こうということではなく、**第７章で紹介したような料理教室やワイン会のようなイベントをオンラインで開催して新たなファンを獲得していこう、**ということです。

たとえば、「Ｚｏｏｍ」を使ってマンツーマンの料理教室を開けば、通常の店の商圏に関わらず、全国にいるお客さんとつながりができるようになり、オフラインの店舗営業では見つけられなかった出会いも生まれてきます。地方の生産者さんとお客さんを繋いでイベントを開催することも、多額の交通費と移動時間をかけずに手軽にできます。

多くのお客さんを相手にしたイベントにする場合は、フレンドファンディングツールの「ｐ

「ケラッセ東京」オンライン料理教室は日本全国・多くのファンを獲得

olca」などを使って、いわゆる〝投げ銭〟システムにすれば、無料／有料のハードルが簡単にクリアできるので、主催者側も参加者側も、試験的に気軽にトライすることが可能です。

私の場合は、新しいファンとリストの獲得のため、無料でオンライン料理教室を開催しましたが、岩手・東京・横浜・名古屋・大阪・三重など、日本全国からお客さんに参加していただき、とても楽しい企画となりました。

アンケートを実施することで、次につながる「お客さんの声」をいただけたのも大きな収穫です。

アイデア5 ポスティング・新聞折り込み「ラクスル」
～宅配・テイクアウトをご近所に知らせる～

さて、テイクアウト・宅配・通販サイトの利用ができるようになったら、次はその告知です。新しい業務展開をスタートしたところで、それを知ってアクセスしてくる人がいなければ、せっかくのアイデアも水の泡です。

「ケラッセ東京」テイクアウトメニューのチラシ。前述した「picks」の情報も記載してポスティング

ここで活用したいのが、ネット印刷サービスで知られる「ラクスル」が提供している、「チラシ印刷＋ポスティング」のサービスです（https://raksul.com/posting/）。Ａ４両面カラーなら、プリント＋ポスティングで一枚10円ほどのコストで簡単に印刷できて、そのまま販促チラシとして使えます。チラシを印刷してからポスティング業者や新聞折り込み業者に依頼するような従来の手間がかからないので、スピーディーでコスパ抜群の販促営業が可能になります。

試しに2千部ほどのポスティングで、効果を観てみる価値はあるでしょう。テイクアウトはご近所のお客さんが中心になるので、効果は期待できると思います。

アイデア6 お食事券 ～今の売上と未来のお客さんを作る～

コロナ禍の間は来店できないというお客さんに、この期間に事前にお食事券を購入してもらって、未来の来店を確定することで現状の売上を組み立てる、という方法もぜひ実行してみてください。

こちらもギフトとして贈り物需要を満たせるし、特典を用意してあげれば、お客さんにとってもお得で嬉しいですよね。お店側は、すぐに売上がつくれて、未来の来店を約束してもらえるので、双方にとって無理なくハッピーな策です。

「ケラッセ東京」のお食事券は通常の販売以外にも、次に紹介するクラウドファンディングのリターンとして使ったり、宅配セットを購入した方へのおまけプレゼントとしても活用しています。シーンに合わせていろいろな使い方ができるのでおすすめです。

お客さんにとって〝お食事券を買う理由〟がある今がチャンスです。有名高級レストランならともかく、平時はなかなか食事券は売りづらいものなので……。

お食事券の制作は、クラウドソーシングサービス

ワイン食堂
kerasse Tokyo
三陸 oyster & kitchen
¥1,000
+TAX
Kerasse Tokyo Restaurant Ticket
・他のチケット、特典等との併用はできません。
・ランチ、ディナー、どちらでもご利用いただけます。
・換金、飲食代がチケット代に満たない場合のお釣りのお渡しはできません。
・税込で1,100円分のお食事券となります。　【有効期限】2020年12月末日
三陸ワイン食堂　ケラッセ東京 | 東京都新宿区余丁町9-9 クレアール余丁町 1F | 03-6380-0253 | kerasse.com

「ケラッセ東京」10%お得な食事券

「ランサーズ」(https://www.lancers.jp/) でデザイナーを探してデザインを依頼、出来上がったものを「ラクスル」で印刷すればいいでしょう。

アイデア7 クラウドファンディング「campfire」
～自分たちの真価を問う挑戦～

ここ数年、特定のプロジェクトに必要な資金を募る方法としてすっかり定着したクラウドファンディング。コロナ禍の期間でもこれは有効な方法で、営業自粛を要請されて苦境に陥った多くの飲食店が、クラウドファンディングに挑戦して資金を集めています。

この挑戦はいってみれば、〝選挙〟のようなもの。自分達の真価が問われる機会です。

「自分たちの店は本当に必要とされているか？」
「自分たちは身の周りの関わる人達を大切にしてきたか？」

この問いに対する結果が出る真剣勝負だと思います。

資金調達はもちろんですが、真価を問う、ファンを増やす、という意味でも、できる方はぜひ、挑戦してみてください。お店の規模にもよりますが、200～300万円ぐらいの目標が一般的です。

「この不景気でも、なんとか店を存続させたい」という〝お願い〟タイプのプロジェクトはすでに溢れていて、お客さんも飽きているので、**「お金を投じてくれれば、こんなにすばらしいメリットがありますよ」という切り口の情報発信が必要でしょう。**沈んだ悲しい顔で資金援助を募っても、よほど身近な人でない限り相手にしてくれません。

クラウドファンディングにも、いろいろなプラットフォームがありますが、国内最大級のサイト「ｃａｍｐｆｉｒｅ」(https://camp-fire.jp/)が一般的で使いやすく、おすすめです。

◎「ケラッセ東京」クラウドファンディング

https://camp-fire.jp/projects/view/264794

以上、着手しやすいものから多少の頑張りが必要になるものまで、コロナ対策として有効な手法を紹介してみました。

これら以外にも私は、「大家さんに家賃を半分にしてもらう」「スタッフは4人営業→2人営業に変更」などの手を打って損益分岐点を下げ、とにかく赤字を出さずに店舗を存続できるスタイルをつくって、ピンチを忍ぶことに努めています。

もちろん国や自治体からの援助なども視野に入れるべきですが、それを待っているだけではいつまでたっても何も始まりません。何より自分からアクションを起こすことが大切なのです。

試練を乗り越えた先には、きっとより良い世界が待っていると確信しています。何より、楽しんでいきましょう！

夢　牡　蠣

Welcome to Iwate!!

おわりに
〜この仕事の楽しさ、素晴らしさをアフターコロナの時代へ伝えるために〜

いかがでしたか？

私の経験や方法論に基づき、そこが都市部であろうが地方であろうが、等しく繁盛できる飲食店のつくり方をお話ししてきました。

実際に成功につながった事例もふんだんに盛り込んだつもりですので、即戦力として参考にしてもらえれば、著者としてとても嬉しく思います。

さて、第8章でもお話ししたように、この本の校了直前に、新型コロナウィルスの影響で日本国内の飲食店営業が前例のない危機にさらされる状況となりました。

20年以上営業を続けているイタリアンレストランが「閉店します！」とSNSに投稿している光景には、さすがにショックを覚えました。私の店も今後どうなっていくか、予断を許さない状況です。80年に一度の、時代が変わる瞬間に直面しているのだと思います。

日本のみならず世界経済的にも大変な時代になると思われますが、**「今こそ、飲食店にとって大事なものは何なのか、もう一度考えるとき」**なのではないでしょうか？

お客さんが店に来てくれるということは〝当たり前〟のことなのではなく、店とお客さんの〝人間関係〟、つまり人と人とのつながりができて初めて可能になることなのです。

そのことを、今回のコロナ禍は逆説的に私たちに教えてくれます。

私の店の常連のお客さんも「大丈夫か」と心配して連絡をくれます。それまでは3ヶ月に1回のペースで来店してくれていた方が、今度は毎月予約を入れてくれます。これまでお断りをせざるを得なかった方々が、今ならばと問い合わせしてくれて、新たに店に来てくれます。

お互いに人としてのつながりがなければ、コロナショック後の時代は飲食店営業が成り立たなくなるのかもしれません。

店にとっての最高の評価は、〝お客さんの次回のご来店〟なのです

次のご予約をしてもらうためにはどうしたらいいか？　それを考えることが、これからの時代にはますますキーポイントになることと思います。

× × × × × × × × × × × × × × × × × ×

この本では資金力や立地条件に振り回されることなく、そこが都市部であろうが地方であろうが均等に繁盛店をつくり出す方法をお話してきましたが、アフターコロナの時代に向けて最後にひとつ、いちばん大切なことをお伝えしたいと思います。

長い年月、業界内外でいろいろな方とご縁をいただきましたが、店舗の成功にもっとも必要なのはやはり、

〝熱意〟

だと感じています。

何を当たり前のことを、と思われるかもしれませんが、どんなに技術があろうと、どんなに能力があろうと、「絶対、お客さんに喜んでもらいたい！」という熱意のないところに成功はありません。

これは特に地方や田舎に行って実感したことです。

こう言っては何ですが、東京にいたときと地方にいたときとでは、商売に対しての熱量に雲泥の差がありました。

田舎の立地でもお客さんが呼べる店をつくり上げて、「ここでもやればできるんだ」という結果を出し示しても周りの反応が薄く、意識の変化がありませんでした。

無理してたくさんのお客さんを集めなくてもいい、という空気だったのです。

切実に感じたのは、「このままでは都市部と地方の格差は広がるばかり」ということ。

それに危機感を持っている人は、周りにいませんでした。

商売の視点でいうと、

「何かを生み出そうと日夜必死に頑張る都市部」

「税金の使い方に知恵を絞る地方」

と、価値観が180度異なり、そのギャップに驚きました。

しかし、だからこそ思ったのは、

「地方や田舎にも誇り高い繁盛店が増えてほしい」

ということです。〝熱意〟があれば、それができる時代だと思います。

地方でのビジネスには心のゆとりがあります。高い人件費や賃料に追いかけられることもない。バランスのとれた、豊かな人生を送れるメリットは大きい。

自分で商売を手掛けるということに保証はないけれど自由があり、ストレスもない。何かを創造し、税金を納める、それはこの国の心臓部だという誇りがあります。

企業の人間のように上司にお伺いを立てる必要はなく、お客さんに直接対峙する仕事なので、日常的に「ありがとう」の言葉をかけてもらって、多くの笑顔や幸せな光景を見せてもらえる。

〝食〟にかかわる仕事は、世界中すべての人を楽しませることができる活動です。その素晴らしさを、都市部のみならず、日本全国に広めていきたいのです。

今、私は本当に仕事が楽しいです。〝仕事〟という概念すらないくらい、面白く毎日を過ごせています。

これは25年間、苦しい時期があってもやり続けてこれたことによるものですし、それは

〝熱意〟を持って行動してきた自信が支えてきたおかげだと思っています。
とても一流のシェフとは言い難い不器用な私ですが、繁盛店を増やしたり、〝食〟で地方を盛り上げたりすることで、誇り高き仲間を増やしたい。その誇りが関わる方の人生を豊かにし、後世に残る価値になると信じています。

万人を笑顔にする未来を作ることのできる〝食〟。

〝売上〟〝誇り〟〝継続〟、この3つが揃った〝食〟のビジネス・レストランを、あなたもぜひつくってっていただければと思います。

最後に、私の行動の糧となっている、幕末の思想家・吉田松陰先生の〈辞世の句〉を紹介しておきます。

『身はたとひ　武蔵の野辺に　朽ちぬとも　留め置かまし　大和魂』

私の命がここでなくなろうとも、私の日本人の魂はここに置いていきます、という意です。
30歳で亡くなった吉田松陰は、没後150年以上たった今でも
「本気で生きているか？」
と問いかけてきます。

さて、あなたは不安と共に生きますか？

それとも理想に生きますか？

近い将来、志を同じくするあなたにお会いできることを楽しみにしております。

これまでご縁をいただいたすべての方に、感謝。

２０２０年４月　坂東誠

「無料相談・プロデュース」のご案内

最後までお読みいただき、ありがとうございます。
このご縁に感謝し、あなたに少しでも活用していただければと思い、
成功報酬型の無料相談・プロデュースのご案内をさせていただきます。

・繁盛メニュー、看板メニューが欲しい！
・売上を上げたい！　安定経営をしたい！
・〝食〟で地方を盛り上げたい！　イベントを開催したい！

など、何でも結構ですので、まずはお気軽にご相談ください。

私も経営者の端くれですので、結果が出る前から報酬をいただくつもりはありません。

あなたが欲しい結果を決定し、一生のご縁が続くように、無理のないプラン・料金・費用等を相談して決めて行きましょう。

熱意のある方、真剣な方に限定させていただきます。

後はその気持ちさえ、継続していただければ結果は出るからです。

◆以下のQRコードかURLで「読者特典・完全成果報酬制　『無料相談・プロデュース』お申込みフォーム」サイトにアクセスして、必要事項を記入後、「確認」ボタンをクリックしてください。

https://form.os7.biz/f/ce430d3e/

坂東 誠 *Bando makoto*

1972年生まれ。青森県十和田市出身。

カリフォルニア州立モントレー・ペニンシュラ短期大学卒。

東北三陸を中心に産地から直送される鮮魚と岩手ワインにこだわる、新宿の穴場レストラン「三陸ワイン食堂　ケラッセ東京」シェフ。

同時に〝料理で繁盛する〟他の店舗のプロデュースを、「三陸ワイン食堂 レアーレ」（横浜）、「すみたのだいどころ・ケラッセ」（岩手）など、全国で手掛ける。

かつて生き方に迷っていた自分を救ってくれた＜料理の力＞を伝えるべく、「レストランビジネスに誇りと夢を取り戻せ！」を人生のミッションに、東北の食材生産者と組んでの新しいビジネス創造を展開。

経営者へ向けたセミナーや地方自治体と組んでの料理教室や新店舗オープンなど、〝食〟での地域活性化を進める。

「ぐるなび」で、〝料理でファンを増やし繁盛店を作る〟テーマで外部講師も務める。


「三陸ワイン食堂　ケラッセ東京」

https:// kerasse.com/

書籍コーディネータ　小山睦男（インプルーブ）

ブックデザイン　bookwall

DTP・図版制作　津久井直美

繁盛店《はんじょうてん》に「職人《しょくにん》」はいらない

どんな立地《りっち》・予算《よさん》でも飲食店《いんしょくてん》に客《きゃく》を集《あつ》める
成功《せいこう》メニューの鉄板法則《てっぱんほうそく》

2020年5月31日　初版第1刷発行

著　者　坂東 誠

編集人　河田周平

発行人　佐藤孔建

印刷所　三松堂株式会社

発　行　スタンダーズ・プレス株式会社

発　売　スタンダーズ株式会社

〒160-0008　東京都新宿区四谷三栄町12-4　竹田ビル3F
営業部　03-6380-6132